AF319712

LES ELEMENS DE LA POLITIQVE

DE MONSIEVR HOBBES.

DE LA TRADVCTION du sieur DV VERDVS.

A PARIS,

Chez HENRY LE GRAS, au troisiesme pillier de la grande
Salle du Palais, à L. Couronnée.

M. DC. LX.

AVEC PRIVILEGE DV ROY.

AV ROY.

·1. Quelque chose de ce Liure, & de l'interêt du Roy de faire enseigner à ses peuples la vraye & bonne Politique. 11. L'exemple de Dieu à suiure en cela. 111. Du Royaume de Dieu par pacte. 1v. Que ses quatre Grands Commandemens sont Loix fondamentales d'Etat. v. Explication du premier. v1. Du second. v11. Du troisiéme. v111. Et du quatriéme. 1x. Ces quatre grands Commandemens abregez en autres termes. x. Changemens arriués dans le Royaume de Dieu faute d'Education. x1. Du Droict de Roy. x11. Que les Rois pour s'étre faits Chrétiens n'ont rien perdu de leur Droit. x111. Que sur les Maximes de ce Liure on gardera le premier Grand Commandement. x1v. Le second. xv. Le troisiéme. xv1. Et le quatriéme. xv11. xv111. Eloge du Roy, & Conclusion.

 *I R E,*

1. A voir le volume de ce Liure que ie présente & dedie à VOSTRE MAIESTE', on pourroit dire que c'est peu de chose ; sur tout à n'y conside-rer que ce qu'il y a du mien, quand ie n'ay fait que le traduire ; & que mesmes ce n'est icy qu'vne partie de ma verssion. Mais i'oseray assurer, SIRE,

Quelque chose de ce Liure & de l'interêt du Roy de faire enseigner à ses peuples la vraye & bonne Politique.

que quand il plaira à DIEV de donner à VO-
TRE MAIESTE' vne longue suitte d'an-
nées, d'vn Regne aussi heureus dans la Paix qu'il
a été glorieus durant la Guerre; Et que vos Sujets
instruits dans les belles Lettres & les bonnes meurs,
offriront à VOSTRE MAIESTE', à l'enuy
les vns des autres, ce qu'ils trouuerront de plus
grand & de plus beau dans les Sçiençes : Ils ne
luy offriront jamais rien de plus grand, & de plus
beau que ce Liure; rien de plus vtile, & je diray
nécessaire; rien de si digne d'vn Grand Roy. L'Au-
teur de ce Liure, SIRE, l'a apellé Elemens, &
c'est à sçauoir de Politique, ou Science Ciuile : auec
raison certes, & de mesmes qu'aux Mathematiques on nomme Elemens les Liures d'Euclide. Euclide, & Monsieur Hobbes ont veu les choses à
fond ; ils les ont conuës par leurs principes & Elemens; ils en ont découuert la source : Et comme
on ne sçauroit rien démontrer que sur les Elemens
d'Euclide aux sçiences Mathematiques, qui sont à
vray dire les seules qui rendent sçauant : Puisque
Dieu a fait toutes choses en poids, en nombre,
en mesure; & qu'ainsi les Loix de la Nature étant
les mesmes que celles des Mecaniques, on ne peut
étre Philosophe qu'on ne sache compter & cal-
culer en toutes choses les raisons & proportions des
Grandeurs, des figures & des mouuemens : aussi
on ne peut démontrer que sur les Elemens de Mon-

fieur Hobbes , *les veritez, qui rendent Sage ; ie veux dire les deuoirs & offices des hommes dans la vie Ciuile ; Et leur obligation de viure en paix entr'eux selon les Loix , & d'obeïr en toutes choses à leur Roy. Pleût à Dieu SIRE, qu'on eût enseigné dés long-temps à vos Sujets ces deux Liures d'Elemens : Et quand cela n'a pas été, Dieu veuille que ce soit bien-tôt : c'est le vray moyen qu'ils raisonent juste , & qu'ils sachent leur deuoir : & ainsi c'est le vray moyen qu'ils soient gens-de-bien , & fidelles. Les actions de l'homme, SIRE, vienent de la volonté : mais il veut ou ne veut pas selon qu'il iuge ce qu'il veut bon ou mauuais ; & n'aprend à bien juger qu'apres bonne éducation, ou à ses dépens. Mais il est facheux de l'apprendre à ses dépens : & sur tout c'est vn grand malheur qu'on l'apréne de la sorte , où il s'agit de son deuoir, & d'obeïr à son Roy : il faut donc l'Education. La Guerre la plus cruëlle à faire à son ennemy est de luy souleuer ses peuples ; mais comment les luy souleuer si plûtôt on ne les dispose à sedition? & comment les y disposer qu'en leur troublant la raison ? ainsi le coup seur pour cela est de faire couler dans l'Etat de son ennemy des Professeurs de Sciences & meurs , auec cet ordre secret, & cette Cabale entre eux, Qu'au lieu d'y enseigner les choses, ils y enseignent seulement des termes barbares, qui ne signifient rien, à ne faire que*

chicaner, & donner diſtinctions ſans idée qui y ré-
ponde : quand cela ne rend pas tétû ſeulement &
obſtiné (qui eſt le vice des Pédans,) mais meſmes Séditieus, par habitude de mal raiſonner. Et
par la raiſon des contraires : ſi le Prinçe veut ſes
Sujets obeïſſans & fideles, il jugera néceſſaire, qu'ils
aprenent de ieuneſſe à bien raiſoner ; Et ſur tout
qu'ils aprenent les vrais Principes & Elemens de
la Sciençe Ciuile.

L'exemple
de Dieu à
ſuiure en ce-
la.

11. Diray-ie à *VOSTRE MAIESTE'*, que
DIEV luy-meſme quand il luy pleut d'eſtre Roy,
prit ſoin d'éleuer ſes Sujets dans l'honneur & le
reſpect qu'il vouloit qui luy fût rendu ? La choſe
eſt importante. *SIRE*, & ie diray la plus importante dont on puiſſe écrire pour le bien de vos Etats,
& le ſeruiçe de *VOSTRE MAIESTE'* :
Et c'eſt pourquoy ie la Suplie tres-humblement, de
trouuer bon que paſſant les bornes d'vne Epiſtre
dédicatoire, i'expoſe vn peu plus au long Quel fut
le Royaume de Dieu , & quels ſes Commandemens ; *Que ſur ces grandes veritez, i'eſtabliſſe vôtre* droit de Roy ; *Et que ie tire de là* , Qu'il importe ſur toutes choſes qu'on l'explique bien à
vos Peuples.

Du Royau-
me de Dieu
par Pacte.

111. *SIRE, DIEV parlant à Moyſe* (ainſi qu'il
eſt raporté au Chapitre dix-neuuiéme de l'Exode)
*luy commanda de propoſer de ſa part à la Nation
des Hebreus , que s'ils vouloient il ſeroit* leur Roy ;

non seulement comme il l'estoit du reste du Monde,
par son droit éternel du Tout-puissant, qui a crée
de rien le Ciel & la Terre, & conserue toutes choses : mais en vne façon toute particuliere ; par pacte; de leur bon gré, & de leur consentement : qui
prendroit le Grand-Prestre pour son Vice-Roy sur
eux ; luy déclareroit ses volontez ; & regiroit son
peuple par sa parole. De vray voiçy ses propres
termes. Voiçy ce que tu diras à la Maison de
Iacob, & aux Enfans d'Israël. Vous auez veu de
vos yeux ce que i'ay fait aux Egyptiens ; & comment ie vous ay portés sur les ailes de mes Ai-
gles, & vous ay pris à moy : Si donc vous écoutéz
ma voix, & que vous gardiés mon Pacte, vous
serez mon peuple particulier d'entre tous les peuples : (car toute la Terre est à moy :) Et vous serez
mon Royaume Sacerdotal, & ma Nation Sainte.
C'est là ce que tu diras aux Enfans d'Israël. Ces
gens donc ainsi assamblés y ayant donné leur consentement exprés, Qui virent la montagne fuman-
te, & oüyrent le son des trompettes : Comme ils
eurent accepté le party, & donné parole en ces termes, Nous ferons tout ce qu'a dit le Seigneur :
Dieu commança (pour ainsi dire) à estre leur
Roy par Pacte. Et que ie preuue ce que i'ay dit,
Que Dieu y fit le Grand-Prestre son Vice-Roy :
quand ce ne fut pas Aaron, (le Grand-Prestre,)

mais Moyſe, *qui regit ce peuple de la part & au nom de Dieu : c'eſt qu'il y auoit cette raiſon particuliere pour* Moyſe, *Que tous fondateurs d'Etat gouuernent leur vie durant ; & cela pour voir leurs Loix en vigueur, & la forme du gouuernement bien établie.* En effet à cela prés, quand Dieu commande à Moyſe au Chapitre vint-ſetiéme des Nombres, de créer Ioſué Generaliſſime de ſes troupes, & luy faire part de ſa gloire, Dieu dit ces termes exprés : S'il y a quelque choſe à faire, Eleazar (le grand Preſtre) prendra conſeil du Seigneur & luy (Ioſué) entrera, & ſortira ſur ſon ordre ; & tout Iſraël auec luy : Où l'on void qu' Eleazar demande à Dieu ſes volontés, & les fait ſçauoir à Ioſué : (Ce qui eſt luy commander de la part, & au nom de Dieu :) Et que Ioſué entre & ſort ; ce qui eſt executer & obeïr ; & qu'ainſi c'eſt le Grand-Preſtre que Dieu a pour Vice-Roy.

IV. *Cette forme de gouuernement ainſi établie,* DIEV donne à haute voix ſes Loix à ſon peuple, & les graue en ſuitte luy-meſme en deux Tables de Pierre ; La premiere, de Quatre Commandemens qui preſcrit ce qu'ils luy rendront ; l'autre de ſix, qui déclare ce qu'ils garderont entre eux. Et pour ne rien dire de la ſeconde qui n'eſt pas de mon ſujet, & qui d'ailleurs ſe reduit à ce ſeul precepte, De ne pas faire à autruy ce que nous ne voudrions

Que ces quatre grãds Commandemens ſont Loix fondamentales d'Etat.

pas qu'on nous fît : *les quatre Grands Comman-*
demens ne regardent pas seulement le Culte Diuin
deu à Dieu entant que Dieu : mais sont préceptes
Politiques, de ce que Dieu veut qu'ils luy ren-
dent comme à leur Roy *par pacte, qui gouuerne*
leur Temporel.

    v. *De vray le premier Commandement,* Tu Explication
du premier.
n'auras point de Dieux Etrangers, *(qu'on a mal*
traduit d'autres Dieux, *quand il y a* Estrangers *)*
si nous le rapportons au Culte Diuin, deffend d'y
introduire non-seulement la plurarité de Dieux que
tenoient les autres Peuples, mais mesmes leurs Cé-
rémonies. *Et qu'on le préne comme vne Loy Po-*
litique : quand les Rois *sont* apeleZ Dieux; i'ay
dit vous étes des Dieux vous tous qui iugez la
Terre; *& que* juger *en ce lieu veut dire* juger Souuerainement, *en vertu de la puissance & Autorité*
Souueraine, ce qui n'apartient qu'aux Rois : Ce
mesme precepte Tu n'auras point de Dieux Etrangers deuant ma façe, *veut dire* Tu ne me diras
point en façe que l'Etranger soit mieux gouuerné que toy : *il ne te sera point loisible de l'estre de*
mesme : puis que ce seroit changer la forme du Gou-
uernement. *Et que ce Commandement se doiue*
prendre en ce sens : *Quand le peuple Hébreu lassé*
du Gouuernement des enfans de Samuel eût deman-
dé vn Roy comme ceux des autres peuples ; qu'ils
peussent voir & ouïr; leur commandant de son chef,

é

en son propre & priué nom ; Samuël insista fort que
ce fût à eux vn grand crime. On void donc que
c'étoit la *premiere Grande Loy*, & la *Loy fonda-*
mentale de l'Etat de Dieu ; Qu'on n'y changeât
point la forme du Gouuernement.

    v ı. *De mesme le second Commandement*, Tu
ne te feras point d'image, ny ne te tailleras d'Idole pour l'adorer, *rapporté au Culte Diuin, n'y*
deffand pas absolûment toutes Images & Statuës ;
mais de s'en faire *soy mesme, de sa propre autorité.*
Moïse *éléue le Serpant d'airain*, & *fait bien ; il*
a tout droit de le faire ; il a la puissance Souuerai-
ne : Aaron *fond des veaux d'or ;* & *fait vn grand*
crime : c'est que tout Grand-Prestre qu'il est, quand
ce n'est pas luy le Souuerain, il n'est qu'vn simple
sujet, & vn homme sans aueu. C'est donc icy vne
deffance de toucher aux Cérémonies du Culte Diuin :
c'est dire aux simple - particuliers que dés-là qu'elles
ont été receuës & prescrites elles sont Sainctes : *Et*
qu'on préne ce mesme Commandement comme vne
Loy fondamentale d'Etat ; Tu ne te feras point
d'Idole pour l'adorer d'aucunes de mes Créatures qui soient au Ciel ou en Terre, *veut dire garde*
toy bien d'estimer à tel point qui que ce soit de mes
Sujets & Créatures, de quelque rang & condition
qu'ils puisse estre, qu'on puisse dire de luy le peuple
l'adore ; & *que pour luy tu songes à changer de*
Maistre. C'etoit donc la seconde Loy, Qu'on ne
se réuoltât point.

Du second.

VII. *De mesme le troisieme grand Comman-* Du troisié-
dement, Tu ne prendras point en vain le Nom du me.
Seigneur ton Dieu, *si nous le rapportons au Culte*
Diuin reçoit ces explications: garde toy de parler
de Dieu qu'auec grande retenuë: Tu ne le pren-
dras à témoin qu'en jugement : Si tu jures par son
Saint Nom, garde ton serment que tu n'ayes pas
juré en vain. Et qu'on rapporte ce mesme précepte
au gouuernement de l'Etat, Tu ne prendras point
en vain le Nom du Seigneur ton Dieu, *veut dire,*
Tu ne me prendras point pour vn vain nom,
Moy qui suis ton Roy : *Tu ne mettras en question*
ny mon Droit, ny ma façon de regner : Tu ne re-
chercheras point si c'est de vray moy qui regne, &
donne mes Loix à Moïse *pour te les donner; ou si*
pour regner sur toy il se couure de mon Nom :
Tu ne luy diras point (fusses tu son frére, fusses tu
sa sœur) que tout le peuple est Saint aussi bien
que luy : *Enfin* Tu ne diras iamais rien ny de moy
ton Souuerain, ny de qui que ce soit dont ie me
serue, qui tende à sédition.

VIII. *Enfin le quatriéme grand* Commandement, Et du Qua-
Souuien toy de Sanctifier le iour du Sabat, *qui* triéme.
veut dire de donner ce iour tout à Dieu; puis que
c'étoit en memoire non-seulement de ce grand-My-
stere, que Dieu ayant crée en six iours se reposa
le setiéme : mais aussi que les ayant tirez de la
Terre d'Egypte, ils l'auoient voulu pour Roy, gou-

uernant leur Temporel ; est aussi comme on void assez vn precepte Politique.

IX. *Et que j'abrege en ce sens ces quatre Loix fondamentales d'Etat; voycy ce que dit Dieu luy mesme.*

I. *IE SVIS LE ROY TON SOVVE-RAIN*, Qui t'ay tiré d'oppression & de misere; & que tu as voulu pour Roy : Quand les autres peuples ne sont pas moins sujets que toy, tu ne changeras point ma forme de gouuernement.

II. Garde toy de te soumettre à pas vn de mes Sujets, pour te reuolter contre moy.

III. Tu ne diras jamais rien qui tende à sedition.

IV. Tu viendras au temps prescrit pour être instruit de ton deuoir.

x. *Maintenant SIRE, que VOSTRE MAIESTE' voye qu'il importe sur toutes choses de faire instruire ses Sujets. Faute de telle discipline la forme du gouuernement que Dieu auoit etably ne dura pas long temps parmy les Hébreus. Car en premier lieu les Grand-Prestres s'y laisserent dépouiller peu à peu par négligence de l'éxercice de leur Droit de Souuerain. Les juges donc c'est à dire diuers hommes qui se rendirent agreables s'attribuerent cette autorité : Ils consultérent l'Oracle Diuin; & se rendans ses Interprétes commanderent Souuerainement en son nom. Mais ceux-cy*

non plus que les autres n'ayant pas eu soin de faire
inſtruire leurs Sujets ; ce peuple ſe dégouta de cette forme de gouuernement ; & ſe perſuadant ſans
doute que le nom de Dieu fût vn nom vain dans
la bouche de qui leur commandoit en ſon nom & de
ſa part : & ainſi prenans le nom de Dieu en vain :
ils demanderent vn Roy, qui leur cõmandât en ſon
propre & priué nom. Cela ne ſe pouuoit, SIRE,
que du conſentement de Dieu : Car en ſe faiſant
vn Roy le peuple luy tranſporte tout ſon droit ; &
bien loin de pouuoir le retirer quand il luy plaira,
il ne peut meſmes s'aſſembler que conuoqué de par
luy, & pour les fins qu'il eſt conuoqué : mais Dieu
conſentit, & ſe demit au gré du peuple ; & diſant
à Samuel ; fay ce qu'ils deſirent, quand ce n'eſt
pas moy qu'ils rejettent, mais toy que ie ne regne pas ſur eux ; & que Rejetter en ce lieu eſt autant que Dépoſer : (ce que les termes qui ſuiuent
expliquent aſſeζ , Que ie ne regne pas ſur eux ;)
Dieu pour ainſi dire, conſentit d'eſtre Dépoſé.

XI. Le Gouuernement Monarchique humain
fût donc étably de la ſorte ; & l'Office de Grand-
Preſtre autrefois de Souuerain, deuint tellement vn
Miniſtere, & vn Office de Sujet : Que non ſeulement
les Rois comme Dauid s'y reuetirent de l'Ephod
(l'habit Sacré fait pour le Grand - Preſtre ;) &
conſulterent la voix de Dieu : mais encore Salomon (le plus ſage de tous les Rois depuis le comman-

cement du monde iufqu'à ce Siecle) Salomon (dis-
je SIRE,) apres auoir deposé le Grand - Preſtre
Abiatar ; apres auoir mis Sadoc en ſa place , fit
quand il luy pleût toutes les autres fonctions de
Grand-Preſtre ; beniſſant le peuple ; & confacrant
le Temple ; où il prononça cette Oraiſon ſi Augu-
ſte ; qui depuis a feruy d'exemple en pareilles ceremonies : Et fit bien voir par ce moyen, que s'il ne
continüoit pas dans l'exercice de ces fonctions , mais
s'en repoſoit fur Sadoc, c'eſtoit pour auoir plus de
temps à donner au gouuernement ; & non pas faute
de Droit , quand il auoit montré le ſien abſolu &
ſans reſerue , de PASTEVR EN CHEF
DE SON PEVPLE.

Que les Rois pour s'eſtre faits Chrétiens n'ont rien perdu de leur Droit.

XII. Et quand I E S V S C H R I S T venu depuis declara expreſſement, Qu'il n'étoit point venu au monde pour abroger la Loy, qui veut dire
la Loy de Dieu donnée au peuple par Moyſe ,
mais pour l'accomplir : Qu'il ne vouloit que rétablir
le Royaume de Dieu ſur les hommes par ſon nouueau Pacte du Bapteſme, par lequel il promit à
ceux qui croyroient en luy, & garderoient les Commandement , de les receuoir au Royaume de Dieu,
où luy meſme il regneroit comme Grand - Preſtre ,
& comme eſtant le M E S S I E que les Prophetes
auoient predit qui retabliroit ce Royaume : Qu'il
s'expliqua que ce Royaume ne fût pas de ce monde icy, où il n'eſtoit point venu pour rendre aucuns

iugemens , ny donner aucunes Loix : Qu'il enfeigna la priere Que ce Royaume auiene, par où on entend qu'il n'eft pas encore auenu : Qu'il enuoya fes Apôtres pour enfeigner cela mefmes à qui voudroit les receuoir, & faire le Pacte nouueau : Que de vray Saint Paul ne dit point qu'il doiue rendre en vain les puiffances de la Terre , qui veut dire leur ôter l'autorité , qu'à fon fecond Auenement : mais enfeigne cependantfon doit obeïr à fes Rois, en toutes chofes, fans referue : VOTRE MAIESTE' void SIRE que c'eft à elle s'il luy plaît de faire enfeigner à fes peuples cette obeïffance qu'ils doiuent, ainfi que DIEV prit foin luy mefme de faire inftruire le fien. Or apres trente ans d'études auec aplication , & dans le deffein de feruir, ie ne trouue point de Liure qui démontre la puiffance Souueraine, abfoluë & fans bornes, & l'obeïffance qu'on doit pure & fimple fans referue que ce Liure de Politique; & il l'a demontre fi bien; que j'oferois affurer SIRE que s'il plaît à VOTRE MAIESTE' que quelques Profeffeurs fideles point engagez, à autre Prince fous quelque couleur que ce foit en lifent dans vos Etats cette Traduction ou autre meilleure : on n'y verra de tout fon regne ny fedition ny reuolte.

XIII. *De vray qui pourroit alleguer qu'on fût plus heureus autrement , ou mieux gouuerné ail- leurs ; quand on luy auroit demoftré , que s'il n'y*

Que fur les Maximes de ce Liure on

gardera le premier grãd Cõmandement.

auoit point de Loix qu'on fût tenu à garder on feroit en guerre chaque homme contre tout autre ; ce qui feroit trop violant : Que les Loix ne pouuant être de fimples pactes & conuentions ; quand il fe trouue trop de gens fujets à manquer de parôle ; il faut que ce foient les Ordres & Cõmandemens d'vn Souuerain abfolû ; & lequel cela pofé aura droit de juger de tout , fans eftre jugé de perfonne : & que quand c'eft en cela que confifte la Nature de l'Etât, les peuples y font partout également fujets à qui les gouuerne ? On garderoit donc jufques là le premier Cõmandement , de ne croire point meilleur le Gouuernement Etranger.

Le fecond.

XIV. Et quand par quelque interêt ou des Etats voifins cherchans de nous affoiblir , ou d'vn particulier ambitieux voulant s'agrandir à nos dépens, on nous viendroit dire qu'il a pitié du pauure peuple qu'on épuife : Qu'on diuertit les Finances : Que pour y remedier il eft prêt de facrifier fa vie & fes biens : On luy repondroit bien tôt Qu'il n'eft qu'vn faux Dieu, qui fe veut faire adorer. Faux Dieu de vray en premier lieu parce que le vray Dieu eft vnique ; ie veux dire que l'autorité abfoluë & fans referue n'appartient qu'à vn feul , & qu'il le veut partager : Faux-Dieu & allegue faux en ce qu'il allegue du mauuais employ des Finances ; Quand le Prince Souuerain doit donner à qui le fert de fi grandes recompenfes, que cela luy en affeure la fidelité ;

delité ; quand il luy faut entretenir vn grand nombre d'espions dans tous les Etats voisins , pour la
seureté du sien ; quand il achéte des plaçes pour épar-
gner le sang du Soldat; & qu'on ne peut sçauoir que
de luy le secret de cet employ : Faux - Dieu enfin, &
derechef alleguant faux de cette compassion qu'il a
pour le peuple épuisé. Il luy cache son vray motif;
il voudroit étre en la plaçe de qui gouuerne ; Et
quelles seuretés donne-t-il que le peuple s'en trou-
uât mieux ? Quelle compassion voylà d'engager à
la Reuolte, ou si le Monarque perit tout aura pery
par longues guerres , & la Raçe d'aprés cela verra
ses terres dosolées : Et ou s'il plaist à Dieu de conseruer le Souuerain , on ne manquera pas d'estre
chastié? Bien - loin donc qu'on adorât ce faux-Dieu,
il auroit la haine des peuples : Et ainsi on garderoit
le second Commandement de ne se Reuolter iamais.

XV. Aussi se voyant sans droit de toucher au
Gouuernement, on ne s'en mettroit plus en peine. On Le troisiéme.
songeroit seulemēt à iouïr du bien qui reuient du Gouuernement étably de ses Maisons à la ville, de ses
Domaines aux champs, de son argent, de son industrie;On ne s'amuZeroit plus à ces Reformateurs d'E-
tat,qui pour y auoir quelque employ ou d'industrie ou
de iuger,par habitude de donner preceptes, sans considerer qui les a faits Docteurs & Iuges,& pour quel.
le fin, se veulent rendre les siens: semblables à ces Pe-
dans & Precepteurs Domestiques , qui par habitude

de contredire & censurer controllent les actions du
Maistre de la maison. Et qu'on ne les écoutât pas,
qu'on ne prît pas comme eux, en vain le nom du
Seigneur: Ce seroit garder sa Trosiéme grande Loy.

Et la qua-
triéme.

XVI. Enfin pour la quatriéme, qui sçauroit vne
fois que c'est luy LE DIEV VISIBLE, qui a
tiré ses sujets de cette Terre d'Egypte, de cette misere de la guerre vniuerselle de tout homme contre tous autres, se trouuerroit au iour dit pour en
conseruer la memoire, & accompliroit la Loy.

XVII. I'en dirois dauantage SIRE, sinon en cette Preface (qui des-ormais seroit bien longue sans
l'importance du sujet) au moins en autres discours :
Et quand ie publie cette verssion imparfaite, ie ne
manquerois pas d'y ajoûter les Remarques necessaires : mais on fait diuerssion; on donne bien d'autres
affaires à vos fideles sujets.

Elegie du
Roy ; & con-
clusion.

XVIII. Mais quand ie n'y puis autre chose, au
moins fay-je des veus à Dieu, qu'il comble VOTRE
MAIESTE' de benedictions sans nombre. Ie luy
demande SIRE, auec toute la ferueur qu'il luy a
pleu de me donner, que comme il a fait naistre
VOTRE MAIESTE' le Monarque du monde le
plus accomply; Qu'il luy a donné des l'enfançe le
secret & la retenuë d'vn homme fait ; Qu'il luy a
donné dés la plus tendre ieunesse tant d'adresse à tous
exerciçes, que ç'a esté l'admiration de tout le monde ; Et qu'il luy donne maintenant tant de valeur

& de conduite , que ses peuples en loüent le Ciel :
Comme il a pleu à ce *GRAND DIEV de faire*
valoir tant de graces par ce bon-heur singulier , que
VOTRE MAIESTE' ayant eté delaissée par le
feu Roy de Triomphante Memoire, Vôtre Personne & vos peuples se soient trouuez, sous la conduite
de la plus Sage & Vertueuse Reyne qu'on ait iamais veu, *ayant pour premier Ministre* Son Emi-
nençe, *qui par vne grandeur & fermeté d'ame*
tout extraordinaire & miraculeuse a tenu bon dans
les plus rudes & furieuses tempétes des guerres
Etrangeres & Ciuiles : Enfin S I R E , quand ce
GRAND DIEV donne à VOTRE MA-
IESTE' pour comble de felicités, la plus Auguste
Princesse du monde, *la seule digne du plus Grand*
Roy qui fut iamais : Il luy plaise aussi de conseruer à
VOTRE MAIESTE' longues & heureuses an-
nées cette grande & belle vigueur qui fait la joye
de vos peuples : Que VOTRE MAIESTE'
durant tout le cours de sa vie ressente toutes les
joyes d'vn *Mariage tres-heureus : Que* Monsieur
son Frere vnique , (Ce Prince les Delices de la
Cour) semblable à ces fruits excellens dont la dou-
ceur se change en force , ait toute sa vie autant de
Zele à seruir *VOTRE MAIESTE'* qu'on
luy a veu jusqu'à present de tendresse pour sa personne : Qu'apres vne longue suitte d'actions toutes
pareilles à celles dont *VOTRE MAIESTE'*

a fait trembler toute l'Europe, tous les Rois du reste du monde émerueillés de tant de valeur & de Sagesse desirent *VOTRE MAIESTE'* pour l'Arbitre Souuerain de leurs plus grands differens : Et qu'enfin *VOTRE MAIESTE'* comblée d'années & de merites, mesmement laissant à ses peuples vn Successeur qui luy ressamble, ne sorte de cette vie & de tant de gloire que pour entrer dans la vie & dans la Gloire sans fin. Ie fay ces veus SIRE, qui suis auec tout le Zele & toute la fidelité qu'il est possible d'auoir,

SIRE,

DE VOTRE MAIESTE'.

Le tres-humble, tres-obeïssant, & tres-fidele sujet,

DV VERDVS.

L'IMPRIMEVR
AV LECTEVR.

ECTEVR, vous aurés pû sçauoir que *Monsieur Hobbes* Gentilhomme Anglois a écrit en Latin, & publié en trois Volumes ses *Elemens de la Philosophie*. Au premier qu'il apelle *du Corps*, il traite des corps en général, de leurs accidens, & comme on les nomme des Phénoménes de Nature, qui veut dire des objets des Sens: Et ainsi c'est sa Physique: Au second qui a pour titre *de l'Homme*, il a expliqué nos facultés naturelles, & sur tout de l'ame: Et ainsi c'est sa Morale: Au troisiéme sous ce titre *du Sujet ou Citoyen*, il donne les Elemens de la vraye Politique. *Monsieur du-Verdus* comme son amy intime, & pour la beauté des matiéres & leur importançe, a traduit dés long temps ces trois Volumes. Mais quand il se promettoit de les donner au public on luy donne d'autres affaires. Pour se voir pupille depuis l'âge de deux mois, auec plus de bien & de droits qu'autre homme de sa Naissançe en Guyéne; Et pour auoir été bon & fidéle Sujet, il se trouue à dos vne grande cabale de ses parens, gens puissans, le regardans dés long-temps comme leur proye. En cet état, que des ormais LE ROY *seul* peut l'en tirer, comme il est seul & sans secours, son temps s'en va à écrire Rélations d'affaires, & dires en exécution d'Arrests. Il n'a

donc pû faire autre chofe pour rendre feruice au public, que vous donner cette Partie de fa Verfion , où
l'on void fi bien démonftrée la néceffité de viure dans
vn Etat & Societé Ciuile , & l'obeïffance fans referue
que le Sujet doit au Roy. Si fa Traduction agrée ; &
que tôt ou tard il ait loifir d'en retoucher tout le refte ;
il le fera : finon il vaut mieux pour vous que vous ne l'ayez
pas entiere. Mais voiçy quels font les Chapitres de cette
belle Politique.

TABLE DES CHAPITRES.

Sous ce Titre.

LA LIBERTE'.

CHAPITRE PREMIER:

Sous ce Titre.

LE COMMANDEMENT.

LES ELEMENS DE LA POLITIQVE.

PREMIERE PARTIE.

LA LIBERTE'

CHAPITRE PREMIER.

De la Condition des Hommes hors de la Societé Ciuile.

I. *L'Introduction.* II. *Que le commencement de toute Societé Ciuile d'hommes vient de leur crainte mutuëlle.* III. *Que les hommes font tous ègaux entr'eux par nature.* IV. *D'où vient leur volonté de s'entre-nuïre.* V. *Leur mes-intelligence de ce qu'ils se picquent d'esprit.* VI. *Et que plusieurs tout à la fois veüillent vne mesme chose.* VII. *La definition du Droit.* VIII. *Le Droit à la fin donne droit à tous les moyens nécessaires.* IX. *Vn chacun par* Droit *de Nature juge des moyens de se conseruer.* X. *Que par ce mesme* Droit de Nature *toutes choses sont à tous les hommes.* XI. *Que le Droit de tout homme sur toutes choses est inutile.* XII. *Que l'Etat*

A

*& Condition des hômes hors de la Societé Ciuile eſt vn état de Guer-
re de tout homme contre tout autre.* XIII. *Que cette Guerre eſt
contraire à leur conſeruation.* XIV. *Que par Droit de Nature tout
homme en ayant vn autre en ſa puiſſance, peut le contraindre à
luy donner des ſeuretés qu'il luy obeïra à l'auenir.* XV. *Que* Nature
dicte qu'il faut chercher la Paix.

L'introduction

I. ON peut reduire les facultés de la Nature de l'homme à ces quatre genres,
la Force du corps, l'Experience, la
Raiſon, & les Paſſions. Ie com-
mençeray par là ces Elemens de Politique, &
feray voir en premier lieu l'animoſité des hommes
entre-eux poſé ces qualités naturelles; auſſi s'ils ſont
nais ou non pour la Societé Ciuile, & pour ſe garantir les vns des autres, & par quelle faculté : Puis
ie diray quel party prendre neceſſairement ſur cela;
Etquelles ſont les conditions de la Societé ou paix
d'entre les hommes, ie veux dire, à les nommer
autrement, quelles ſont les *Lſx fondamentales de
Nature.*

*Que le com-
mencement de
toute Societé
Ciuile d'hom-
mes vient de
leur crainte
mutuëlle.*

** Voyés les
Remarques.*

II. La plus-part de ceux qui ont écrit des choſes
de Politique auançent ou par ſuppoſition, ou comme vne demande que l'homme eſt vn Animal né
pour la Societé ; * (le Grec dit vn animal Politique) & ſur ce fondement ils batiſſent leur Doctrine Ciuile, comme ſi pour garder la paix, &
pour la conduitte de tout le genre humain il ne
faloit autre choſe ſinon que les hommes s'accor-
daſſent de certains pactes & conuentions, que ces
Auteurs apellent Loix aprés cela. Mais cetteMa-

xime eſt fauſſe, quoy qu'on l'ait ainſi receuë : Et
la faute vient de ce qu'on n'y a pas aſſez conſideré la Nature de l'homme. Car à conſiderer à fond
les cauſes de ce qu'on s'aſſemble & fait volontiers
ſocieté, il fera aiſé de voir que c'eſt ſeulement par
accident, & non qu'il ne ſe puiſſe autrement par
Nature. Car ſi naturellement l'homme aymoit
l'homme, ie veux dire entant qu'homme : il n'y
auroit point de raiſon qu'on en aymât plûtôt les
vns que les autres, qui ſont tous également hommes, ny qu'on aymât de hanter plûtôt ceux dont
il reuient de l'honneur & du profit. Ce n'eſt donc
pas d'eſtre en compagnie qu'on cherche naturellement, mais l'honneur & l'vtilité : Nous deſirons
premierement ces choſes ; puis la Societé pour l'a-
mour d'elles. Or on connoît pourquoy les hommes s'aſſemblent de ce qu'ils font étant aſſemblés.
Car ſi c'eſt pour le commerce ; chacun ſonge à ſes
affaires & point à ſon aſſocié : ſi c'eſt pour l'exercice de leurs charges, il n'ait entre-eux certaine ami-
tié de Cour ou de Palais ; où il y a moins d'affection que de crainte mutuelle ; & d'où vienent
quelquefois les factions, mais la bien veillance iamais : Si c'eſt pour ſe diuertir, on y ayme ce qui
fait rire, pour y auoir meilleure opinion de ſoy-
meſme apres la comparaiſon de ce qu'on trouue
à tourner en ridicule en autruy. Et bien que
ſouuent cela ne paſſe pas jeu : toûjours y void-
on que les hommes ne cherchent pas tant la
ſocieté que leur propre gloire. Au reſte en tel-

les aſſemblées, preſque toûjours on offence les
abſens; on recherche toute leur vie, ce qu'ils
ont dit, ce qu'ils ont fait; on en juge; on les condamne; on en fait des railleries; meſme on ne pardonne pas à ceux de la troupe; on en dit autant
des qu'ils n'y ſont plus; de ſorte que Celuy-la auoit
raiſon qui ſortoit toûjours le dernier d'vne aſſemblée. Et ce ſont là nos delices en toute ſocieté: &
l'on s'y porte par Nature, ie veux dire par affection & inclination naturelle, juſqu'à ce qu'à force
d'accidens qui en arriuent, ou de préceptes qu'on
nous donne, l'apétit du preſent ſe trouue émouſſé
par la memoire du paſſé; y ayant meſme force gens
qui ne s'en corrigent iamais: Et ſans tel diuertiſ-
ſement beaucoup de gens ne parleroient que peu
ou point qui ſont fort diſerts en ce genre. Que s'il arriue qu'on s'y mette à faire de petits comptes, & que
quelqu'vn en die de ſoy; tous les autres en ſont
autant; & qu'il leur ait raconté quelque choſe d'admirable, ils rapporteront des miracles, ou en forge-
ront ſur le champ. Enfin (pour parler de ceux
qui ſont profeſſion d'eſtre plus ſages que les autres.)
Si c'eſt pour philoſopher qu'on s'aſſemble, autant
d'hommes autant de Docteurs, chacun veut enſeigner ſon compagnon: à moins que cela non ſeulement il ne s'ayment pas enſemble; mais meſmes
ils ſe haïſſent. On void donc par experience, pour
peu que l'on conſidere attentiuement les choſes
humaines, Qu'en quelque aſſemblée qu'on ſe trouue de ſon bon gré, c'eſt ou pour le beſoin que l'on

a les vns des autres, ou pour acquerir de la gloire,
& qu'on s'attend d'y trouuer quelque profit ou de
s'y voir estimé & honoré. Ceçy se deduit aussi par
raison des seules definitions *de la volonté*, *du Bien*, *de*
l'honneur, *& de l'vtile*, que i'ay données ailleurs. Car
en toute societé volontaire on cherche l'objet de
la volonté, qui est ce qu'vn chacun de ceux qui
s'assemblent juge qui est bon pour soy. Or tout ce
qui semble bon est agreable, & se rapporte aux
organes ou à l'ame : Mais toute volupté d'esprit est de deux chose l'vne, ou quelque gloire qui consiste à auoir bonne opinion de soy mesme, ou quelque chose qui se raporte à la gloire,
& tout le reste sont choses sensuëlles ou qui y seruent, qu'on peut comprendre sous le nom de commodités. C'est donc ou pour ses commodités, ou
pour sa propre gloire, & ainsi c'est pour l'amour de
soy mesme & non de ses compagnons qu'on fait
societé. Mais il ne peut y auoir de societé pour la propre gloire ny pour long-temps, ny de beaucoup de
monde : (car & la gloire & l'honneur quand tous
l'ont personne ne l'a, étant choses qui consistent en
comparaison & auantage :) & pour auoir en soy-
mesme sujet de se glorifier la Societé n'y fait rien,
puis qu'on n'est à estimer qu'autant qu'on peut de
soy mesme, sans l'ayde d'autruy. Or bien qu'on se
puisse augmenter les commoditez de la vie en s'ay-
dant les vns les autres : toutefois comme cela seroit
plus aisé en étant le maistre d'autruy que le compagnon, il n'y a point de doute qu'ôté la crainte

on ne se portât naturellement à la domination auec beaucoup plus d'ardeur qu'à la Societé: Il faut donc établir ceçy, *Que les Societés grandes & de durée ne vienent point de la bien-veillance mutuelle des hommes, mais de leur crainte mutuelle.* *

Que les hommes font tous égaux entre-eux par nature.

III. La cause de cette crainte se trouue en partie dans l'égalité naturelle des hommes, en partie dans leur volonté de s'entre-nuire : d'où il arriue que nous ne sçaurions n'y attendre nos seuretés d'autruy, ny nous les donner nous mesmes. Car à considerer l'homme fait, & voir combien la machine de son corps est vne chose fragile & que quand elle est détruite, toute sa force, sa vigueur, & sa sagesse l'est aussi : & combien il est aisé au plus foible de tuër le plus fort : on n'a pas dequoy se fier beaucoup de ses propres forces, ny se croire fort auantagé de nature par dessus les autres hommes. C'est étre égaux que de pouuoir choses égales les vns contre les autres : & c'est pouuoir choses égales, que de pouuoir la plus grande de toutes qui est de tuër. Les hommes donc sont tous égaux par nature ; & ce qu'on les void inégaux leur vient de la Loy Ciuile.

D'où vient leur volonté de s'entre-nuire.

IV. A vray dire dans l'Etat de Nature tous les hommes ont la volonté d'offencer autruy, mais elle ne leur vient pas à tous d'vne mesme cause, & n'y est pas également à blâmer. Car où l'on permet aux autres les mesmes choses qu'à soy-mesme, & cela atandu l'egalité de nature (ce qui est de l'homme modeste, & qui ne presume pas trop de ses

propres forces :) où s'eſtimant plus que tout autre
on veut pouuoir ſeul tout ce qu'on voudra , &
l'on s'attribuë plus d'honneur qu'à autry , (ce qui
eſt d'vn eſprit féroce :) Ainſi les vns ont la volonté de nuïre, qui leur vient de vaine-gloire, & de
ce qu'ils préſument trop d'eux-meſme; & les autres
de ce qu'il leur eſt néceſſaire de deffandre leur liberté contre les premiers.

v. De plus comme on ſe picque d'eſprit, il faut
néceſſairement qu'on viene à prendre querele.
Car non ſeulement le diſputer contre, mais encore
n'eſtre pas de meſme auis eſt quelque choſe d'o-
dieux. En effet n'eſtre pas de l'auis d'autruy en certaines choſes eſt l'accuſer tacitement qu'il s'y trom-
pe ; & ne l'eſtre preſque en aucune eſt le tenir pour
vn idiot : Ce qu'on peut voir de ce qu'il n'y a point
de guerre cruëlle comme celle que ſe font les Se-
ctes d'vne meſme Religion , & les factions d'vn
meſme Eſtat, où il s'agit ou de la Doctrine ou de
la Prudence Politique. Et comme toute la volupté
d'eſprit & la guayeté conſiſte en cela ; Qu'on trouue des gens auec leſquels venant à ſe comparer on
puiſſe faire grand état de ſoy-meſme : il eſt impoſſible qu'on ne ſe donne tôt ou tard les vns aux autres quelque marque de haine ou de meſpris, ſoit
par quelque ſoûris ou paroles , par quelque geſte
ou autrement : ce qui offançe tellement & donne
tant de chagrin, qu'on ne ſçauroit auoir pour quoy
que ce ſoit plus de volonté de nuïre.

vi. Mais la cauſe la plus fréquente à s'offançer

les vns les autres eſt que pluſieurs tout à la fois veüillent vne meſme choſe : Car s'ils ne peuuent en iouïr par indiuis ny la partager, il faut que le plus fort l'emporte; & poar ſçauoir qui ce ſera, il faut en venir aux mains.

VII. Parmy donc tant de perils où l'on ſe void pour la cupidité naturelle des hommes, nul ne doit trouuer mauuais qu'on prene ſes ſuretés, quand on ne ſçauroit vouloir faire autrement. Car vn chacun ſe porte à déſirer ce qui luy eſt bon, & fuïr ce qui luy eſt mauuais, ſur tout le plus grand de tous les maux naturels qui eſt la mort & cela par vne certaine néceſſité de nature, qui n'eſt pas moindre que celle auec quoy la pierre tend de haut en bas; Il n'eſt donc ny abſurde ny à blâmer, ny contre la droite raiſon, qu'on mette tous ſes ſoins à ſe garantir de la mort & des douleurs, & ſe conſeruer. Or ce qui n'eſt pas contre la droite raiſon, eſt ce que tout le monde dit qu'on fait iuſtement & auec *Droit* : & on n'entand rien autre choſe par ce mot *le Droit*, Que *la Liberté qu'a vn chacun d'vſer de ſes facultez naturelles ſelon la droite raiſon* : Et c'eſt pourquoy le premier fondement du Droit de Nature eſt, *Que chacun ſe conſerue de tout ſon pouuoir.*

VIII. Et parce qu'en vain auroit-on droit à la fin, ſi l'on n'auoit droit aux moyens néceſſaires : il s'enſuit que puis qu'vn chacun a droit de ſe conſeruer, il a auſſi *Droit d'vſer de tous les moyens, & de faire toute action, ſans quoy il ne ſe peut conſeruer.*

IX. Meſmement c'eſt encore à luy que par Droit

de

de Nature il apartient *de juger* si les moyens dont
il vsera , & si l'action qu'il fera luy sont nécessaires
ou non pour se conseruer. Et de vray s'il est contre
la droite raison que ie juge moy mesme de mon
propre peril : qu'vn autre en juge : Puis donc qu'vn
autre juge de ce qui me regarde , par la mesme raison qui est que nous sommes égaux par Nature ,
ie jugeray aussi de ce qui le regarde. Il est donc de
la droite Raison, & c'est dire du Droit Naturel, que
ie juge de son auis, & si la chose importe ou non à
ma conseruation.

x. La Nature a donné *Droit à tout homme sur tou-*
tes choses : ie veux dire que dans l'état purement N 1-
turel , * auant que les hommes se fussent engagés
entre eux par aucuns pactes & conuentions, il étoit
loisible à chacun de faire tout ce qu'il vouloit , &
contre qui bon luy sembloit, de posséder tout ce
qu'il vouloit & pouuoit, d'en vser & d'en iouïr. Car en
cet Etat puis que ce que l'homme veut luy semble
bon parce qu'il le veut , soit qu'il puisse s'en seruir
pour sa conseruation , ou qu'il luy semble qu'il le
puisse : (Et nous venons de l'en faire juge dans l'article précedent , de sorte qu'on doit tenir necessaires les choses qu'il juge telles :) Puis aussi que par
l'article sétiéme on fait par droit de Nature & on
s'attribuë , tout ce qui est nécessaire pour se conseruer : il s'ensuit que dans l'Etat de Nature il est
loisible à tout homme d'auoir à soy toutes choses,
& de tout faire : Qui est ce qu'on dit communément, *Que la Nature a donné tout à tous.* D'où l'on

B

Vn chacun
par Droit de
Nature *juge*
des moyens de
se conseruer.

Que par ce
mesme Droit
de Nature tou-
tes choses sont
à tous les hom-
mes.
* *Voyés les-*
Remarques.

CHAPITRE.
I.

Que le Droit de tout homme fur toutes chofes eſt inutile.

Que l'Etat & Condition des hommes hors de la Societé Ciuile eſt vn état de Guerre de tout homme contre tout autre.

Que cette Guerre eſt contraire à leur conſeruation.

entent auſſi *Que dans l'Etat de Nature l'interet propre eſt la meſure du Droit.*

X I. Mais il ne feruoit de rien à perfonne d'auoir ce droit commun fur toutes chofes, l'effet de ce droit étant prefque le mefme que s'il n'y eut point eu de droit : Car bien qu'vn chacun peut dire de chaque chofe, *Cela eſt mien* : il ne pouuoit neanmoins en jouïr, à caufe du voifin, qui auec autant de droit & de forçe prétandoit la chofe fiene.

X I I. Maintenant fi nous ajoutons à cette inclination naturelle de fe quereller qui vient aux hommes de leurs paſſions fur tout de leur vaine-gloire, *le droit de tous fur toutes chofes,* à raifon dequoy l'vn enuahit *auec droit,* l'autre réfifte *auec droit* d'où vienent leurs défiançes fans fin, & leurs foins de tous contre tous ; & combien mal-ayſément quand on eſt en petit nombre, & fans de bons préparatifs, peut-on fe garantir de l'ennemy qui vient à l'improuiſte pour nous opprimer : On ne peut nier que l'Etat Naturel des hommes auant la Societé Ciuile n'ayt été vn Eſtat de Guerre, & non feulement cela : mais de tous les hommes contre tous les hommes. Car *la Guerre* n'eſt autre chofe que le temps auquel on déclare par paroles & action qu'on veut en venir aux mains : le reſte du temps ce nomme *la Paix.*

X I I I. Or il eſt aifé de juger combien telle guerre fans fin eſt quelque chofe de mal propre à côferuer foit le genre humain ou le particulier : Mais celle-là feroit fans fin laquelle pour l'égalité des combatans n'auroit point de victoire qui la terminât; & quád les victorieux y feroient en danger aprés côme auant, ce feroit com-

me vñ miracle que le plus fort & le plus vaillant y
deut mourir de vieilleſſe. Ce ſiécle nous en four-
nit pour exemple les Americains, & les Siécles paſ-
ſez les autres peuples, ciuiliſez maintenant & floriſ-
ſants ; mais pour lors en petit nombre, feroçes, de
courte vie, pauures, hydeux, & dépourueus des
commoditez & des ioyes de la vie que donne la Paix
& la Societé. Ce ſeroit donc ſe contredire ſoy meſme, que de vouloir qu'on demeurât dans vn état
de vie ou tout fût permis à tous : Car vn chacun
déſire par neceſſité de Nature ce qui luy eſt bon ;
& perſonne ne peut juger de cette Guerre de tout
homme contre tout autre luy fût bonne qu'on
void naturellement attachée à cet état. Ainſi il
arriue que par crainte mutuëlle on eſt d'auis de ſe
tirer de cet état, & ſe chercher des compagnons,
que s'il faut faire la Guerre, ce ne ſoit plus contre
tous & ſans ſecours.

XIV. On ſe fait des compagnons par forçe ou
de leur bon gré. Par forçe quand le vainqueur contraint le vaincu de le ſeruir, ou de crainte de la mort
ou en luy donnant des liens : de bon gré, quand
on fait ſocieté pour s'ayder les vns les autres, toutes
parties le voulant bien, ſans qu'aucun y ſoit contraint. Or le vainqueur peut de droit contraindre
le vaincu ; & le plus fort, le plus foible ; ie veux
dire l'homme en ſanċté, le malade ; & l'homme
fait, le jeune enfant de luy donner des ſeuretez
qu'il luy obeïra à l'auenir, ſi mieux il n'ayme mourir. Car puis que le droit de ſe proteger ſoy meſme

Que par Droit de Na-ture tout hom-me en ayant vn autre en ſa puiſſance peut le contraindre à luy donner des ſeuretez qu'il luy obeïra à l'auenir.

B ij

comme on voudra vient du peril où l'on eſt ; & que
le peril vient de ce qu'on eſt tous égaux : il eſt
bien plus raiſonnable & plus ſeur pour ſe conſeruer de ſe ſeruir de la commodité qu'on a , & ſe
faire donner ſes ſeuretez quand on le peut, que
de taſcher à les r'auoir apres cela par vn combat
douteux , contre des perſonnes qu'on ſe ſera laiſſé
échaper des mains , & qui auront creu en âge &
en forçe : & tout au contraire on ne peut rien imaginer contre raiſon comme cela, qu'on ſe laiſſe
échaper des mains qui ne ſçauroit reſiſter , pour
s'en faire vn ennemy qu'on ſe trouuera ſur les bras.
D'ou ie concluray auſſi par forme de corollaire,
que dans l'Etat de Nature des hommes la puiſſançe certaine à quoy l'on ne peut reſiſter confere le
droit de regir & commander toutes choſes : Et
qu'ainſi pour cela meſmes *la Toute Puiſſance a droit
eſſentiellement & immediatement de commander toutes
choſes.*

XV. Cependant pour cette égalité de forçes &
des autres facultez, nul ne ſçauroit ſe promettre
dans cet Etat de Nature & de Guerre vniuerſelle de
ſe conſeruer long-temps : Ainſi la droite raiſon
dicte, (& c'eſt dire *la Loy de Nature ,* comme ie
feray voir dans le chapitre ſuiuant) *Qu'il faut chercher la Paix en toute façon pour peu qu'on y voye de
jour, ſinon, qu'il ſe faut chercher du ſecours à faire la
Guerre.*

LES
ELEMENS
DE LA
POLITIQVE.

CHAPITRE SECOND.

De la Loy de Nature quant aux Contracts.

I. *Que la Loy de Nature n'est pas le consentement des hommes, mais* ce que dicte la droicte raison. II. *Que la Loy fondamentale de Nature est*, qu'il faut chercher la Paix s'il est possible de l'auoir ; sinon les moyens de se deffandre. III. *La premiére Loy speciale de Nature*, que nul ne doit retenir son droit de tous sur toutes choses. IV. *Ce que c'est que laisser vn droit ou s'en départir, & quoy le transporter.* V. *Qu'on ne peut transporter de droit qu'à qui le veut bien.* VI. *Qu'on ne transporte point de Droit par paroles que de présent.* VII. *Les paroles de futur auec autres signes de la volonté seruent à transporter vn droit.* VIII. *Qu'aux donations pure & simple on ne transporte pas son droit par paroles de futur.* IX. *La definition* du Contract, *& celle* du Pacte. X. *Aux Pactes*

CHAPITRE
II.

on transporte son droit par paroles de futur. x i. *Les Pactes de bonne foy ou foy mutuëlle sont en vain & invalides dans l'Etat de Nature, mais non dans l'Etat Ciuil.* x i i. *On ne sçauroit faire de Pactes ny auec les bestes ny auec Dieu sans reuelation.* x i i i. *Ny voüer à Dieu autrement.* x i v. *On ne s'oblige par Pacte qu'à faire son possible.* x v. *Par quels moyens on est quitte de ses Pactes.* x v i. *Les promesses faites par force, & crainte de la mort sont dans l'Etat de Nature bonnes & valides.* x v i i. *Tout Pacte en suitte d'vn autre qu'il contre-dit est inualide.* x v i i i. *Le Pacte est nul & inualide de ne resister point à qui nous offançe en nôtre corps.* x i x. *Et celuy de s'accuser soy-mesme.* x x. *La definition du serment.* x x i. *Le serment doit estre conçeu dans les maniéres de jurer de celuy qui prend à serment.* x x i i. *Le Serment n'ajoûte rien à l'obligation venuë du Pacte.* x x i i i. *On ne doit vouloir de serment que de qui pourroit manquer de parole sans qu'on le sçeût ou Dieu seul l'en chastier.*

Que la Loy i. de Nature *n'est pas le consentement des hommes, mais ce que dicte la droite raison.*

LEs Auteurs se seruans le plus do ce terme *la Loy de Nature* ne sont pas trop bien d'accord de sa definition. Car c'est à faire à qui ne veut point de chicane que de commençer par les definitions, & ôter d'abord toute occasion d'équiuoque. Mais pour reuenir aux autres : s'ils entreprenent de prouuer que quelque chose qu'on aura fait soit contre la Loy de Nature, l'vn le prouue par ce dit-il que ça été contre le consentement de tous les peuples, au moins des plus sages, & des plus sçauans : Mais de nous dire qui jugera de la sagesse, de l'erudition & des mœurs de tous les peuples, il ne nous dit pas cela. L'autre allégue que ça été contre le consentement de tout le genre humain : Définition qui ne peut estre reçeuë en nulle façon : Car

autrement il feroit impoſſible à tout autre qu'aux
enfans, & aux foux de , pécher contre cette Loy.
De vray par ce mot de genre-humain , ils entandent tous les hommes ſe ſeruans actuëllement de
leur raiſon, & à ce compte les hommes ne font rien
contre, où ils le font ſans le vouloir ; en quoy il
faut les excuſer. Or de receuoir les Loix de Nature du conſentement de ceux qui les violent plus
ſouuent qu'ils ne les gardent, en verité il n'eſt pas
juſte. D'ailleurs on condamne en autruy ce qu'on
aprouue en ſoy ; on loüe en public ce qu'on mépriſe en particulier ; on dit ſon ſentiment par coûtume, & ſur ouy dire , plûtôt que ſur choſe qu'on ait
remarquées & étudiées ſoy meſme ; & qu'on ſe
trouue de meſme aduis que d'autres ; c'eſt moins
par raiſon que par haïne, par crainte, par eſpéran-
ce , par amour , ou par autre paſſion. De là vient
aſſez ſouuent que meſme les peuples entiers font
tous d'vn commun accord & à l'enuy les vns des
autres des choſes que ces Auteurs aduouënt fran-
chement qui font contre la Loy de Nature. Mais
puis que tous font d'accord qu'on fait *auec Droit &*
Iuſtice ce qui n'eſt pas contre la droite raiſon : il
faut dire qu'il y a *de l'injuſtice & de l'injure* en ce
qui repugne à la droite raiſon, ie veux dire qui contredit quelque verité tirée de vrais principes par vn
bon raiſonnement. Or ce qu'on fait qu'il y ait de
l'injure & contre raiſon, nous diſons que c'eſt contre quelque *Loy : C'eſt donc vne Loy que la droite rai-*
ſon ; & on la nomme *Loy de Nature*, en ce qu'elle

*n'*eſt pas moins partie de la nature de l'homme que toute autre faculté ou affection de l'ame. *La Loy de Nature donc (que nous la définitions) eſt ce que dicte la droite raiſon * ſur ce qu'on doit faire ou obmettre pour ſe conſeruer la vie & le corps en ſon entier le plus long temps qu'on pourra.*

11. La premiére Loy de Nature & ſa Loy fondamentale eſt *qu'on doit chercher la Paix s'il eſt poſſible de l'auoir, ſinon du ſecours à faire la Guerre.* Car i'ay démontré dans l'article dernier du chapitre précedent que la droite raiſon dicte ce précepte; & ie viens de definir Loix de Nature, celles que dicte la droite raiſon. Or cette Loy eſt la premiére de toutes : veu qu'on en tire les autres qui préſcriuent les moyens de pouruoir à la Paix ou à ſa deffançe.

111. L'vne des Loix de Nature ſe déduiſant bien clairement de cette Loy fondamentale eſt, *que nul ne doit retenir ſon droit de tous ſur toutes choſes : mais bien le tranſporter en partie ou s'en departir tout à fait.* Car que chacun retînt ce droit: Les vns enuahiroient auec droit, les autres deffandroient de meſme, puis que par neceſſité de Nature on taſche de ſe deffandre en ſon corps, & ce qu'on tient néceſſaire à ſa déffance. Mais la guerre viendroit de là : Ce ſeroit donc faire contre les raiſons de Paix, & ainſi contre la Loy de Nature que de retenir ce droit de chacun ſur toutes choſes.

1v. On ſe depart de ſon droit quand on y renonçe purement & ſimplement, ou qu'on le tranſporte à autry. On y renonçe purement & ſimplement,

ment,

ment quand on déclare fuffifamment par quelque
figne ou certains fignes qu'on veut bien. n'auoir
plus loifible de faire certaines chofes qu'on pouuoit
faire auparauant auec droit. On le tranfporte à autruy quand on luy déclare, & qu'il le veut bien &
l'accepte, qu'on veut n'auoir plus loifible de luy refifter quand il fera certaines chofes, à quoy on auoit
droit auparauant de luy refifter. Et l'on void que le
tranfport d'vn droit confifte dans la feule non-réfi-
ftance, en ce qu'auant ee tranfport celuy à qui on
le tranfporte auoit droit des-lors fur toutes chofes,
qu'ainfi on n'a peu luy donner de nouueau droit;
& que feulement la jufte réfiftançe de celuy qui fait
le tranfport ceffe, & eft éteinte, qui empefchoit l'autre de iouïr de fon droit. Quiconque donc acquert
vn droit dans l'Etat que i'ay nommé de Nature, ne
fait autre chofe finon qu'il puiffe feurement & fans
aucun iufte trouble & empefchemét iouïr de fon premier droit. Par exemple qui vend ou donne fon fonds,
n'ote qu'à foy&non à autre le droit qu'il a fur ce fond.

v. Or en tout tranfport de droit il faut la volonté
non feulement de qui le fait, mais de qui l'accepte.
Faute de l'vne ou de l'autre le droit demeure le mefme. Car pour auoir voulu donner le mien à vn autre qui l'aura refufé ie n'ay pas pour cela renonçé
purement & fimplement à mon droit & ne l'ay pas
tranfporté à tout autre : j'auois mes raifons pour luy
que ie n'ay pas pour les autres.

vi. Que fi pour tous fignes qu'on foit en volonté d'abandonner vn droit ou le tranfporter on fe fert

C

Qu'on ne
peut tranfpor-
ter de droit qu'à
à qui le veut
bien.

Qu'on ne
tranfportepoint

de paroles feulement, il faut que ce foit de paroles
de préfent, ou de paffé, veu que celles de futur ne
tranfportent rien. De vray celuy par exemple qui dit
ie donneray demain, donne affez à entendre qu'il ne
donne pas auiourd'huy : fon droit demeure donc le
mefme tout auiourd'huy ; & c'eft pourquoy il fera
auffi le mefme demain , & iufqu'à ce qu'en effet il
ait donné ; car ce qui eft vne fois mien l'eft toufiours,
iufqu'à ce que ie le donne. Que fi ie parle du préfent, & que ie die, *ie donne , ou i'ay donné cela, qu'on
l'aura demain* : ie donne à entendre par là qu'auiour-
d'huy i'ay donné la chofe, & tranfporté dés ce iour
le droit d'auoir demain.

*Les paroles
de futur auec
autres fignes de
la volonté fer-
uent à tranf-
porter vn droit.*   vɪɪ. Toutefois comme les paroles feules ne font
pas fignes fuffifants pour déclarer la volonté , (car
i'ay affez fait voir cela au Traité que i'ay fait de l'homme :) Les paroles de futur auec autres fignes de la
volonté peuuent valoir comme fi c'étoit de préfent :
car s'il confte par autres fignes que qui parle du futur
veut & entend que fes paroles valent pour le parfait
tranfport de fon droit, il faut qu'elles valent pour
cela ; puis que le tranfport d'vn droit ne depend pas
des paroles , mais bien , comme i'ay expliqué dans
l'article quatriéme, de ce qu'on déclare fa volonté.

*Qu'aux do-
nations pure-
& -fimples on
ne tranfporte
pas fon droit
par paroles de
futur.*   vɪɪɪ. Que fi l'on tranfporte vn droit à autruy ,
& que ce ne foit ny pour aucun bien receu, ny
pour pacte fait auec luy , ce tranfport s'appelle vn
Don , ou Donation pure & fimple. Or en telle donations les paroles de préfent ou de paffé font les feules
qui obligent. De vray celles de futur n'obligent

pas comme paroles, pour la raifon que i'ay dite dans l'article précedent ; & c'eſt pourquoy l'obligation doit venir d'autres ſignes de la volonté. Comme donc on ne fait rien volontairement que pour quelque bien qu'on veut, on ne ſçauroit alleguer de ſigne de la volonté de donner que quelque bien qu'on ſe ſoit acquis, ou qu'on ſe doiue acquerir par telles donations : mais nous ſuppoſons d'ailleurs que qui donne n'ait ny acquis de tel bien, ny fait de pacte, puis qu'autrement ſa donation ne ſeroit pas pure & ſimple : il reſte donc qu'il doiue atandre ce bien reciproque ſans pacte. Mais il ne peut y auoir de ſigne qu'vn homme s'étant ſeruy de paroles de futur, contre vn qui ne deuoit pas eſtre tenu à vn bien-fait mutuël, eût voulu qu'on entandît ſes paroles en telle ſorte qu'il demeurât obligé : ny il n'eſt pas raiſonnable que qui eſt enclin à vouloir du bien à autruy demeure obligé par toutes les promeſſes par quoy on témoigne ſon affection préſente : On doit donc entandre & faire état que qui promet de la ſorte délibére encore, & ainſi peut changer de ſentiment de meſme que celuy à qui il promet peut de ſon côté changer de mérite. Or tandis qu'on délibére de quelque choſe on y eſt libre : ce n'eſt donc pas auoir donné. Seulement ſi qnelqu'vn promettoit ſouuent ſans donner, on pourroit s'en diuertir, & dire *Voilà le Donneur.*

IX. Ce que font deux hommes ou pluſieurs qui ſe tranſportent reciproquement leurs droits, s'appelle ⁓*vn Contract.* Or en tout contract il faut de trois

La définition du Contract, & celle du Pacte.

C ij

chofes l'vne , ou que chaque contractant tiene d'abord ce qu'il promet, fans credit, & fans qu'aucun fe fie à autre : ou que l'vn tiene & fe fie : ou qu'aucun ne tiene. S'ils s'acquittent tous d'abord, voilà leur contract finy fi-tôt qu'on s'eft acquité: mais quand on s'y fie à l'vn, celuy à qui l'on fe fie, à qui l'on croit, & fait credit, promet de tenir parole aprés cela, & cette promeffe s'apelle *vn Pacte.*

Aux Pactes on tranfporte fon droit par paroles de futur.

X. Mais quand en prenant credit on fait pacte auec vn autre qui s'aquitte, quoy qu'on promette feulement par paroles de futur, on n'y tranfporte pas moins fon droit, que fi c'étoit par paroles de préfent ou de paffé. De vray celuy qui s'acquite fait bien voir par là qu'il prend la promeffe de l'autre, cóme d'vn homme voulant s'acquiter auffi au temps accordé entre eux : Celuy donc qui prend credit voit qu'on l'entend de la forte, & ne difant rien au contraire, montre vouloir que cela foit : & c'eft pourquoy les promeffes qu'on fait pour vn bien receu, (lefquelles font auffi des Pactes,) font fignes de la volonté, ie veux dire, felon que i'ay expliqué au Traité de l'homme, qu'elles font fignes de ce dernier acte de déliberer, par lequel on s'ôte la liberté de ne s'acquiter point, d'où il fuit qu'elles obligent, veu que l'obligation commençe où la liberté prend fin.

Les Pactes de bonne foy ou foy mutuëlle font en vain & inualides dans

XI. Mais dans l'Etat de Nature les pactes des contracts où l'on fe fie l'vn de l'autre vienent à eftre inualides, fi l'vn ny l'autre ne s'y étant acquité l'vn vient à auoir fujet de fe défier * de l'autre. Car de

tenir ſa parole le premier, quand les hommes pour
la plus-part ne cherchent qu'à profiter comment
que ce ſoit, ce ſeroit ſe rendre la proye de celuy
auec qui l'on contracteroit: & il n'eſt pas raiſonable
que l'vn s'acquitte le premier, à moins qu'il y ait apparence que l'autre s'acquite apres. Or de juger s'il
eſt vray-ſemblable ou non que l'autre s'acquitte auſſi, c'eſt à faire à celuy qui craint, comme i'ay fait
voir dans l'article neufiéme du Chapitre précedent.
Mais c'eſt pour l'Etat de Nature, & non pour l'Etat
Ciuil: Car y ayant vne fois vne puiſſance établie à
contraindre qui contracte, celuy qui par le contract
eſt le premier à s'acquitter le doit faire le premier,
& quand l'autre peut eſtre contraint, il n'a pas à
crainde qu'il luy manque de parole.

XII. Or de ce qu'en toute donation & pactes il
faut qu'on accepte le droit tranſporté, il s'enſuit
qu'on ne ſçauroit faire de pacte auec celuy qui ne
donne pas à conoître qu'il accepte. On ne ſçauroit
donc faire de pacte auec les bétes-brutes, ny leur
ôter ou attribuër aucun droit; & cela pour leur de-
faut de langage & d'entandement: & l'on ne peut
faire de pacte ny de *rveu à Dieu*, qu'entant qu'il luy
à pleu de ſubroger & mettre en ſa place par la ſainte Ecriture, gens ayans droit d'examiner & accepter
tels veux & pactes.

XIII. Ainſi dans l'Etat de Nature dans lequel on
n'eſt tenu à aucune loy ciuile, en-vain fait-on de
rveu à Dieu, ſinon que par réuélation tres certaine
on conoiſſe que Dieu l'accepte. Car ou ce qu'on vouë

CHAPITRE II.

l'Etat de Na-
ture, mais non
dans l'EtatCi-
uil.

** Voyés les-*
Remarques.

On ne ſçau-
roit faire de
pacte, ni auec
les bétes, ny
auec Dieu ſans
réuelation.

Ny vouër
à Dieu autre-
ment.

eſt contre la loy de Nature, & nul n'eſt tenu à choſe illicite : ou quelque loy de Nature préſcrit ce
qu'on a voüé, & en ce cas c'eſt cette loy & non le
veu qui y oblige : ou enfin ſi plûtôt que de vouër il
étoit libre de faire on ne faire pas, on y eſt libre encore aprés, puis que pour étre obligé il faut que celuy à qui on s'oblige accepte, & déclare ſa volonté;
Ce que dans le cas préſent nous ſuppoſons qui ne
ſoit pas.

XIV. On ne fait de pacte que des actions qui
tombent en déliberation : car il n'y a point de pacte
que de la volonté de qui le fait; & la volonté eſt le
dernier acte qu'on fait quand on délibére. *Les pa-*
ctes donc ne ſont que de choſes poſſibles & à venir;
& c'eſt pourquoy on ne peut s'obliger par aucun
pacte à l'impoſſible. Or comme aſſez ſouuent on
fait pacte de choſes qui ſemblent poſſibles quand
on les promet, & qu'on trouue aprés cela qui ne le
ſont pas; on n'eſt pas quitte pour cela de toute obligation. Dont la raiſon eſt que qui promet vn bien
auenir incertain, reçoit vn bien fait préſent, à condition de le rendre. Car celuy qui fait le bien fait
préſent n'a ſimplement pour objet de ſa volonté
qu'vn bien auſſi grand qu'étoit la choſe promiſe, &
non ſimplement la choſe promiſe, mais ſeulement
s'il ſe peut. Si donc il arriue que meſme cela ne ſe
puiſſe, on doit au moins s'acquiter d'autant qu'il ſe
peut : & ainſi les pactes n'obligent pas abſolûment
à la choſe promiſe, mais ſeulement au plus qu'on y
pourra, quand c'eſt là la ſeule choſe qui ſoit en nôtre
pouuoir.

x v. On est *liberé de son Paste*, soit qu'on tiene ce qu'on a promis, ou que celuy à qui on doit le remettre. Car qu'on tiene ce qu'on a promis, on ne s'est obligé qu'à cela : & que *le Creancier* le remette, il fait donc par ce moyen que le droit qui auoit passé de son débiteur à luy, passe derechef de luy à son *Débiteur* : car c'est ce qu'on nomme rémettre. Le remettre comme on void par le mot * latin pour cela est faire vne donation: & ainsi par l'article quatriéme de ce Chapitre içy, c'est faire vn transport de droit à celuy à qui l'on remet.

CHAPITRE II.

Par quels moyens on est quitte de ses Pastes.

*Condonare.

X V I. On demande communement si les pastes qu'on fait par crainte obligent ou non. Par exemple si pour me sauuer des mains d'vn voleur ie luy promets de luy compter mil écus le lendemain, & ne rien faire contre luy au moyen dequoy on puisse le mettre en justice; On demande si ie suis tenu ou non à garder cette parole. Or encore que bien souuent tels pactes soient inualides, cela ne vient pas pourtant de ce qu'on les a faits par crainte; Autrement les pactes seroient inualides, au moyen desquels on s'assemble en vn Etat & Societé ciuile; à garder certaines Loix, quand c'est de crainte d'en venir aux mains, & se tuër les vns les autres qu'on se soûmet au gouuernement d'autruy : Mesmes à ce compte-là il seroit contre raison de se fier au captif qui prometteroit rançon. Disons donc en general que *tout Paste oblige, auquel il est permis de promettre, & qu'on promet chose permise.* Or il est loisible de promettre pour sauuer sa vie; & ie puis donner

Les promesses faites par force & crainte de la mort sont dans l'Etat de Nature bonnes & valides.

du mien ce qu'il me plaira, mesmes à vn voleur: Les pactes donc faits par crainte obligent, s'il n'y a quelque Loy ciuile au contraire, qui rende illicite ce qu'on y promet.

Tout pacte en suitte d'vn autre qu'il contre dit est inualide.

XVII. Quand on a promis à quelqu'vn de faire ou ne faire pas, & qu'on fait pacte du contraire auec vn autre, ce second pacte est en vain. Car des-là qu'on a transporté à quelqu'vn son droit de faire ou ne pas faire, on n'a plus ce droit: on ne sçauroit donc le transporter à vn autre par vn second pacte, & ainsi on luy promet ce qu'on n'a nul droit de promettre. On void donc qu'on est tenu seulement aux premiers pactes qu'il n'est pas loisible d'enfraindre.

Le pacte est nul & inualide de ne resister point à qui nous offance en nôtre corps.

XVIII. Nul ne peut s'obliger par pacte à ne resister point à qui viendra pour le tuër, ou l'offançer en son corps. Car il n'y a personne au monde qui ne craigne peu ou prou : & quand nous imaginons le mal qu'on nous va faire comme le plus grand de tous, il est à croire que nous le fuyons par necessité de nature autant qu'il est en nôtre pouuoir, & ne sçaurions faire autrement. Quand donc on est au degré de crainte le plus grand qu'on ait en soy, il n'y a point de doute qu'on ne cherche à se sauuer, soit en fuyant, ou en son corps defendant. Comme donc on n'est point tenu à l'impossible, on n'est obligé de souffrir ny la mort (le plus grand de tous les maux de Nature,) ny autre grand mal, tel que de se voir blesser, ou estropier, à quoy on n'ait pas assez de constance. D'ailleurs on se fie à celuy qui

s'est

s'eſt obligé par pacte ; & cela parce que la foy ſeule eſt le lien des pactes : & cependant nous voyons
qu'on tient liez & garrottez au milieu de ſoldats &
ſatellites les gens qu'on mene au ſuppliçe, ſoit ca-
pital ou autre moindre ; ce qui fait voir qu'euſſent ils
donné parole de ne ſe defendre point, on ne les
y croit pas tenus. C'eſt autre choſe que ie die, *Si tel
iour ie ne fais telle choſe tüez moy*, autre choſe que
ie die, *Si ie ne le fais & que vous me veuilliez tuër
ie ne l'empécheray point.* Tout le monde fait au beſoin le premier de ces deux pactes, & quelquefois il
le faut ; mais nul ne fait le ſecond, & iamais il n'eſt
beſoin : Car dans l'Etat que i'apelle de Nature, s'il
vous plait de tuër vous le pouuez, qui auez droit ſur
toutes choſes, & ainſi il n'eſt point beſoin pour cela qu'on vous ait trompé : & dans l'Etat Ciuil où tout
droit de vie & de mort apartient en propre à l'Etat,
on n'a plus ce droit à donner. Auſſi il n'eſt point beſoin que l'Etat pour punir quelqu'vn luy demande
ſa parole, qu'il ne l'empéchera point, mais ſeulement que perſonne ne défande celuy qu'on deura
punir. Que ſi dans l'Etat de Nature, tel que celuy
de deux Etats ſouuerains, on fait pacte de tuër pour
certaine omiſſion, il eſt cenſé qu'auant cela on ait
fait pacte de ne tuër point auant certain iour : Quand
donc ce terme eſt écheu, ſi l'on n'a pas tenu parole
on eſt en guerre comme auant le pacte ; & quand
par le droit de guerre tout eſt loiſible de part &
d'autre, il l'eſt auſſi de reſiſter. Enfin par le pacte
que i'ay dit de n'empécher pas qu'on nons tuë, on

D

s'obligeroit à choisir celuy de deux maux présens qu'on jugeroit le plus grand, car le mal est plus grand de mourir que de se deffandre : Mais qui choisit de deux maux ne sçauroit choisir le plus grand : Ce seroit donc s'obliger à l'impossible : ce qui repugne à la Nature des pactes.

Et celuy de s'accuser soy mesme.

XIX. De mesme on ne peut s'obliger à s'accuser soy-mesme ou personne, qu'il seroit facheux de voir condamner sur sa déposition. Le pere donc n'est pas tenu d'estre témoin contre son fils, ny le mary contre sa femme, ny la femme contre le mary, ny le fils contre le pere, ny personne contre personne qui luy fournisse alimens : car le témoignage est en vain qu'il est censé que la Nature corrompe. Cependant quoy que nul ne soit tenu de s'accuser, il peut être contraint à répondre sur le banc de la question : mais ces responses ne sont pas preuues du fait, & ne sont qu'ouurir des moyens de preuue, & ainsi on a droit d'y répondre tout ce qu'on voudra vray ou faux, ou n'y répondre rien du tout.

La définition du Serment.

XX. *Le Serment* est la déclaration qu'on fait en ajoûtant à sa promesse ; Qu'au cas qu'on y manque on renonce expressement à la misericorde de Dieu. Ie tire cette défintion de termes tels que ceux-cy qui contienent l'essence du serment, *Ainsi Dieu me soit en ayde*, & d'autres pareils, tels que ceux dont se seruoient les Romains : *Nous te prions Iupiter que tu fasses perir qui trompera, comme on assomme cette laye.* Et ce qu'on dit n'est pas con-

tre ; Que le ferment fert non-feulement à promettre mais à affirmer; puis que confirmer par ferment
ce qu'on affure eft feulement le garantir véritable.
Auffi qu'en diuers païs on ait veu les Sujets jurer par
leur Roy; c'eft que ces Rois vouloient des honneurs diuins. Aprés tout ce qu'on vfe de ferment
vient de ce qu'on a crû pouuoir retenir par là , &
c'eft à dire par la crainte de la puiffance Diuine,
ceux qui ne craindroient pas affez d'ailleurs de ne
pas tenir parole.

XXI. Il fuit de là que le ferment foit conçeu
dans les manieres de jurer de celuy qui prend à ferment, puis qu'en vain contraindroit-on perfonne à
jurer par vn Dieu qu'il ne croiroit point, & qu'ainfi
il n'auroit garde de craindre. Car bien que par la lumiere naturelle on puiffe fçauoir que Dieu eft: celuy
qui jure pourtant ne croit pas jurer par luy en autre
forme, ou fous autre nom que fous celuy que luy
donne la Religion qu'il profeffe , & fait état qui
foit la bonne.

XXII. De cette definition du ferment on peut
entandre que le pacte qu'on apelle nud n'oblige
pas moins que celuy qu'on a juré de tenir. Car c'eft
le pacte qui lie ; Le ferment regarde le châtiment
de la part de Dieu, qu'en vain prouoqueroit-on s'il
n'étoit illicite de violer fon pacte; & il ne le feroit
pas fi le pacte n'obligeoit. D'ailleurs ce n'eft point
s'obliger à eftre puny que de renonçer à la miferi-
corde de Dieu, puis qu'il eft toufiours loifible de luy
demander pardon, & d'en iouïr fi on l'obtient. C'eft

CHAPITRE.
II.

Le ferment
doit eftre con-
ceu dans les
manieres de ju-
rer de celuy qui
prendra fer-
ment.

Le ferment
n'ajoûte rien à
l'obligation ve-
nuë du pacte.

donc là le feul effet du ferment, *Que l'homme enclin
naturellement à ne pas garder parole ait plus à craindre
d'y manquer de ce qu'il aura juré.*

XXIII. Ce feroit faire au delà de ce qu'on doit
pour fa deffançe que d'exiger vn ferment de qui ne
fçauroit manquer de parole fans qu'on le fçeût, &
quand on eft affez fort pour s'en vanger ; & par là
on feroit voir qu'on voudroit moins fon propre
bien que le mal d'autruy. Certes on void par les formules du ferment qu'il tend à prouoquer l'ire de
Dieu, & c'eft à dire *du Tout-Puiffant*, contre qui
faufferoit fa foy, comme fe fentant affez fort pour
n'en eftre pas puny, & du *Tout-Sçauant*, contre qui
la violeroit dans l'efperance que perfonne n'en fçeût
rien.

LES
ELEMENS
DE LA
POLITIQVE.

CHAPITRE TROISIESME.

Des autres Loix de Nature.

I. *La seconde Loy de Nature* Qu'on tiene parole. II.
Qu'on la tiene à tout le monde sans exception. III. *Ce
que c'est qu'vne Injure.* IV. *On ne peut faire d'injure à personne si l'on ne contraɛle auec luy.* V. *Distinɛtion de la* Iustiçe *en
celle des hommes, & celle des aɛtions.* VI. *Examen de la Distinɛtion de la Iustiçe en commutatiue, & distributiue.* VII. *On ne fait
point d'injure à qui le veut bien.* VIII. *Troisiéme Loy de Nature,* contre l'ingratitude. IX. *Quatriéme Loy de Nature,*
de se rendre commode à autruy. X. *Cinquiéme Loy de Nature,* de la misericorde. XI. *Sixiéme Loy de Nature,* Qu'en
tout châtiment on n'ait égard qu'à l'auenir. XII. *Sétiéme
Loy de Nature,* contre les outrages. XIII. *Huiɛtiéme Loy
de Nature,* contre la Superbe. XIV. *Neusuiesme Loy de Nature,* de la Modestie. XV. *Dixiéme Loy de Nature,* de l'e-
quité ou contre l'acception des personnes. XVI. *Onziéme
Loy de Nature,* des choses qu'on doit auoir en commun

D iij

CHAPITRE III.

La ſeconde Loy de Nature qu'on tiene parole.

I. LA ſeconde Loy ſpeciale de Nature eſt *qu'on garde ſes pactes,* qui veut dire *tenir parole, & garder ſa foy.* Car i'ay fait voir au Chapitre précédent, que la Loy de Nature ordonne comme vne choſe néceſſaire à faire la paix, qu'on ſe tranſporte les vns les autres parties de ſes droits, & que cela s'apelle pacte quand on le fait pour l'auenir. Or cela aide à la paix, en ce que de vray nous faiſons ou obmettons ce que nous promettons par pacte de faire ou obmettre: Promeſſes qu'on feroit en vain ſi on ne les te-

nóit pas. Quand donc pour auoir la Paix il faut
qu'on garde ſes pactes & ſa foy, c'eſt par l'article
ſecond du Chapitre deuxiéme, vn precepte de la
Loy de Nature.

11. Et il n'y a point en cela d'exception pour les
perſonnes auec qui nous pactiſons ; par exemple
qu'ils ne tienent point parole à autruy, & ne s'y
croyent pas obligez, ou qu'ils ont quelque autre
défaut. Car des-là qu'on fait vn pacte, on donne
aſſez à entendre qu'on fait état que ce ne ſoit pas
en vain, & il feroit contre raiſon de faire ce qu'on
jugeroit en vain : Mais auſſi ne ſe croire pas obligé
à garder vn pacte eſt croire ce pacte en vain : Si
donc on faiſoit vn pacte, & qu'on ne ſe crût pas
obligé à le garder, on croyroit tout à la fois ce pacte en vain & non en vain : Ce qui feroit ſe contredire: Il faut donc de deux choſes l'vne, ou tenir parole
à qui que ce ſoit, ou ne luy promettre rien ; ce
qui eſt ou luy faire guerre ouuerte, ou luy garder
vne bonne & ſeure Paix.

111. Qu'on viole ſon pacte, ou qu'on redeman-
de ce qu'on a donné cela s'apelle *faire injure* à quoy
il faut neceſſairement quelque action ou omiſſion.
Or on apelle *injure* cette action ou omiſſion &
ainſi vne injure & vne action ou omiſſion injuſte ſignifient la meſme choſe qui eſt de violer ſon
pacte & ſa foy. Et il ſemble qu'on ait appellé injures telles actions & omiſſions en ce qu'on n'y a pas
de droit (le Latin le dit en vn * mot où l'on void
l'etimologie) & on n'y a pas de droit, parce que

qui fait ou obmet auoit tranſporté ſon droit. Et
l'injure a en cela quelque choſe de pareil à ce
que dans les Ecoles on appelle *abſurde*. Car comme on eſt reduit à l'abſurde de ce qu'on eſt contraint
par arguments à nier ce qu'on auoit ſoutenu : Auſſi
c'eſt faire vne injure que de faire ou obmettre pour
ne ſçauoir ſe moderer ce qu'auparauant on auoit
promis par pacte de ne pas faire ou ne pas obmettre. Et l'on ne s'y contredit pas moins que quand
on eſt réduit à l'abſurde dans l'Ecole. De vray on
veut par ſon pacte que l'action qu'on promet ſoit,
& de ce qu'on ne la fait pas on veut qu'elle ne
ſoit pas. On veut donc tout à la fois qu'elle ſoit &
ne ſoit pas : en quoy la contradition eſt toute viſi-
ble. L'injure donc pour ainſi dire eſt comme vne
eſpece d'abſurde dans la conuerſation ; ainſi que l'abſurde eſt comme vne eſpece d'injure dans la diſ-
pute.

I v. Il ſuit de là qu'on ne peut faire injure * à
perſonne qu'on n'ait fait pacte auec luy. Il y a donc
à diſtinguer *entre le domage & l'injure*. Car ſi le Seigneur commande à l'Eſclaue, qui s'eſt obligé par
pacte à luy obeïr, de compter argent à vn tiers ou
luy rendre autre ſeruiçe, & que l'Eſclaue ne le faſſe pas ; c'eſt domage pour ce tiers, mais injure
au Maiſtre ſeul : Et de meſme dans l'Etat Ciuil,
qu'on nuiſe à quelqu'vn à qui on n'a rien promis
c'eſt mal qu'on luy fait & domage ; mais l'injure ne
regarde que le Souuerain de l'Etat. Et de vray ſi
l'homme ſouffrant domage ſe plaignoit que l'autre

tre luy fait injure celuy-cy auroit droit de luy tenir
vn tel difcours que ceçy. *Que me reprochés vous donc?
& pourquoy plûtôt faire à vôtre gré qu'au mien, qui
ne vous impéche point de faire ce qu'il vous plaira.*
Difcours où ie ne voy rien à redire quand on ne
s'eft rien promis.

v. Les noms de *jufte* & d'*injufte* font equiuoques,
auffi bien que ceux de *iuftiçe* & d'*injuftiçe* ; & figni
fient autre chofe quant aux perfonnes, autre quant
aux actions. Quand on parle des actions on apelle
iufte & de iuftiçe tout ce qu'on fait auec droit, &
injufte l'action où il y aura de l'injure, & qu'on aura faite fans droit : Et c'eft pourquoy on n'apelle
pas jufte mais feulement innocent celuy qui fait
chofes iuftes ; ny homme iniufte mais coupable,
celuy qui en fait d'iniuftes. Mais quand on parle
des perfonnes, eftre iufte eft s'étudier à agir toûiours iuftement, fe plaire à garder la iuftiçe en toutes chofes, tafcher de faire toûiours ce qu'on iuge
qui foit iufte : Et eftre iniufte eft négliger la Iuftice,
& croire qu'au lieu de la mefurer à fa parole on le
puiffe à fa commodité préfente. Or à ce compte
voylà de deux fortes de iuftiçe & d'iniuftiçe, celle
de l'homme à confiderer fes motifs & intentions,
& celle des actions ou omiffions de l'homme, à n'y
confiderer autre chofe que ce qu'il fait ou obmet.
L'homme iufte peut faire beaucoup d'actions iniuftes, & l'iniufte beaucoup de iuftes. Mais on doit
apeler iufte, celuy qui fait actions iuftes afin de
garder la Loy, & ne commet d'iniuftiçe que par

Diftinction de la Iuftiçe *en celle des hô-mes & celle des actions.*

fragilité : Et au contraire homme iniuste celuy qui ne fait rien de iuste que pour la peine que porte la Loy, & fait actions iniustes de propos délibéré comme étant vn méchant homme.

VI. On distingue cómunement la iustiçe des actions en deux especes qu'on nomme *Commutatiue & Distributiue*, & dont on dit que la premiere consiste en raison ou proportió Arithmétique, & l'autre en Geométrique. La premiére à ce qu'ils disent a lieu en matiére d'échanges & trocques, de ventes, achapts, emprunts, acquits de debte, locations, tant directes que contraires, & en autres tels Contracts ausquels il faut rendre au iuste autant pour autant, en quoy consiste disent-ils la Iustiçe Commutatiue. Et la seconde selon eux est celle par quoy on rend à chacun selon ses merites, de sorte qu'en donant plus au plus digne, & moins à qui merite moins, c'est là la iustiçe Distributiue. Ie ne trouue içy autre chose que cette certaine distinction d'égalité, qu'il y ait vne égalité qu'on apelle purement & simplement égalité, comme quand on compare entre-elles deux choses de mesme prix par exemple vne liure d'argent auec donze onçes de pareil argent, & qu'il y ait vne égalité selon certaines choses, comme quand on a mille francs à distribuër à cent hommes, & qu'on en donne six cents à soixante, & quatre cents à quarante : où l'on void qu'il n'y a point d'égalité entre les six cents liures & les quatre cents, & qu'auec cela pourtant comme l'inegalité y est la mesme qu'entre les deux nombres d'hommes à qui

on les diſtribuë, il ſe trouue que chacun en a autant
que ſon compagnon ; qu'ainſi on diſtribuë également, & on égale ce qu'on donne ; en quoy conſiſte la raiſon & proportion Geometrique, laquelle
de vray n'eſt autre choſe qu'vn tel également &
égalité. Mais à quoy bon tout cela à propos de la
juſtiçe? Car que ie vende au plus haut prix ce qui
eſt à moy, ie n'y fais nul tort & injure à l'acheteur,
qui le veut bien, & m'en prie : & quand diſtribuant
mon bien i'en donneray plus à qui aura moins gagné, pourueu que d'ailleurs ie tienne à chacun ce
que ie luy auray promis, ie n'y fais tort à perſonne, comme enſeigne *Nôtre Seigneur Ieſus Chriſt* luy-
meſme, & qu'on void dans l'Euangile. Quand
donc on diſtingue de la ſorte ce n'eſt pas de deux
eſpeçes de juſtice, mais deux ſortes d'égalité. Ce-
pandant on ne peut nier que la iuſtiçe ne ſoit vne
égalité, quand elle conſiſte en cela, qu'étant tous
égaux par Nature, aucun ne s'attribuë plus de droit
qu'à autruy, s'il ne ſe l'eſt acquis par pactes. Et c'eſt
ce que i'auois à dire contre cette certaine diſtinction
de la iuſtiçe, quoy que generalement reçeuë : qu'on
ne s'aille pas imaginer que l'iniure ſoit autre choſe
que de violer ſa foy, & ſes pactes, ainſi que i'ay définy.

VII. C'eſt vn vieux Prouerbe, *Qu'on ne fait point*
d'injure à qui le veut bien : mais voyons ſi de nos
principes on peut déduire la verité de ce prouerbe.
Qu'on ait donc fait à quelqu'vn, luy le voulant bien
ce que neantmoins il tient à iniure, on a donc fait
ce que par pacte il n'étoit plus loiſible de faire : mais
quand il veut bien qu'on faſſe ce qui par pacte n'étoit

On ne fait
point d'injure à
qui le veut
bien.

E ij

plus loifible cela rend le pacte nul, ainfi que i'ay expliqué dans l'article quinziéme du Chapitre précedent: on eft donc rentré dans fon droit de faire, &
ainfi on fait auec droit ; & par conféquent ce n'eft
pas là vne iniure.

VIII. Le troifiéme précepte de la Loy de Nature eft *de ne pas fouffrir que celuy qui fe fie en nous
à nous préuenir par bons offiçes, fe rende par là de pire
condition* : ie veux dire qu'il ne perde pas le bien fait;
& qu'on ne reçoiue iamais de bien fait, qu'auec deffein de tafcher de faire , que celuy dont on le reçoit
n'ait pas fujet de s'en repentir. Certes à moins que
cela il feroit contre raifon de préuenir autruy par
bien-faits qu'on verroit qui feroient autant de perdu. Il n'y auroit donc entre les hommes ny bien-
faits ny confiançe, ny raifon de bien-veillançe ;
on ne fe fécourroit point; on ne fe feroit point d'amis;
& ainfi on demeureroit dans l'état de la guerre vni-
uerfelle, ce que i'ay fait voir qui eft contre la Loy
fondamentale de Nature. Or quand toute injure
confifte en ce qu'on manque de parole ; & que nous
fuppofons içy, qu'entre celuy qui fait du bien &
celuy qui le reçoit il n'y ait point eu de pacte ; Si celuy qui le reçoit ne garde pas cette Loy , nous ne
dirons pas qu'il ait fait iniure à l'autre : mais quand
le bien-fait & la gratitude fe rapportent l'vn à l'autre, nous dirons que c'eft vn ingrat.

IX. Le quatriéme précepte de Naure eft , *Qu'on
fe rende commode à autruy.* Pour entandre ce précepte il faut remarquer que les hommes pour leur diuerfité d'efprit, qui vient de leurs diuerfes humeurs

& inclinations ne font pas plus propres entre eux à
faire focieté, que des pierres de diuerffes matiéres &
de diuerffes figures le feroient à compofer vn édifiçe,
quand donc on reiette la pierre comme mal propre
& peu commode, laquelle pour fa figure raboteufe
a plufieurs angles, ôteroit plus de lieu aux autres,
qu'elle n'en occuperoit, & que pour étre trop dure,
mal aifément pourroit on bien mettre en œuure:
On tient auffi pour incommode & fafcheux tout
homme rude & inégal, qui pour fe garder le fu-
perflu, ôte le néceffaire aux autres, & que pour fa du-
reté de cœur on ne fçauroit en corriger. Maintenant puis qu'on fuppofe que chacun s'efforçe de
tout fon pouuoir non feulement auec droit, mais
mefmes par néceffité de Nature d'auoir les chofes
néceffaires pour fa conferuation: fi quelqu'vn vient
s'y oppofer pour des chofes fuperfluës, c'eft par fa
faute que vient la guerre quand il eft le feul que rien
n'obligeoit à brouïller. Il fait donc contre la Loy
fondamentale de Nature: D'où fuit ce que i'ay deu
prouuer, que c'eft vn précepte de Nature que de fe
rendre commode à autruy. On peut apeller *hom-*
me incommode & fafcheux qui viole cette Loy, quoy
que Ciceron comme ayant égard à cette mefme Loy,
oppofe l'homme *inhumain* à l'homme *commode.*

x. Le cinquiéme précepte de la Loy de Nature
eft *Qu'on pardonne le paffé à qui en demande pardon,*
& s'en repant & qu'on fe contente de prendre fur luy
fes feuretez pour l'auenir. Le *pardon* du paffé ou la
remiffion de l'offance eft la *Paix* que nous accor-

dons à qui la demande, & se repant de nous auoir
prouoqués à *Guerre* : Car la paix que l'on accorde
à qui ne se repant pas, mais garde son cœur d'ennemy, & sans donner de seuretés pour l'auenir ne
cherche qu'à prendre son temps, n'est pas vne paix,
mais crainte ; & par conséquent nature ne l'ordonne point. Au reste ne pardonner pas à qui se repan-
tiroit, & donneroit des seuretés pour l'auenir seroit
ne vouloir point de paix : Ce qui est contre la Loy
de Nature.

*Sixiéme Loy
de Nature qu'-
en tout châ-
timent on
n'ait égard
qu'à l'auenir.*

  X I. Le Sixiéme précepte de la Loy de Nature
est *Qu'en toute vangeançe & punition, on n'ait pas
égard au mal passé, mais seulement au bien à venir.*
Ie veux dire qu'il n'est permis de châtier que pour
corriger le coulpable, ou les autres par son exemple. Cecy se confirme premiérement de ce que
par la Loy de Nature on est tenu de pardonner à
autruy, pourueu qu'on y ait ses seuretés pour l'auenir, comme i'ay fait voir dans l'article précédent :
Et en second lieu parce que la vangeance eu égard
au passé seul n'est qu'vn triomphe, & vne gloire qui
ne regarde aucune fin, (car elle ne regarde que le
passé & toute fin est à venir :) Or ce qu'on ne raporte à aucune fin est *en vain* : la vangeançe donc
qui ne regarde point l'auenir vient de *vaine gloire* ;
& ainsi elle est contre raison. Mais qu'on offançât
autruy contre raison cela causeroit la guerre (ce qui
est contre la Loy fondamentale de Nature :) c'est
donc vn précepte de la Loy de Nature *Qu'en tout
châtiment on ne pourvoye pas au passé mais à l'auenir.*

L'infraction de cette Loy eſt ce qu'on nomme
crüauté.

XII. Et quand tous ſignes de haine & de mépris
animent ſur toutes choſes à prendre querelle, & ſe
battre ; iuſques là qu'on void des gens qui ayment
mieux perdre non ſeulement la paix mais la vie que
de ſouffrir vn affront : il ſuit en ſétiéme lieu *Que la
Loy de Nature deffend, de donner à conoitre à autruy
ſoit par paroles ou actions, à ſon ayr, en ſous riant, ou
autrement que ce ſoit qu'on le mépriſe.* Violer cette Loy,
eſt ce qu'on appelle faire *affront*, & faire *outrage*.
Et qu'on voye tant qu'on voudra de gens de conditions faiſans outrage à moindre qu'eux ; & ſur tout
des juges inſultant aux Criminels, & en faiſants
des railleries qui ne ſont bonnes à rien, ny pour le
crime commis, ny pour le deu de leurs charges :
Tous ces gens-là font pourtant contre la Loy de
Nature ; & on doit les tenir pour des *querelleux.*

XIII. La queſtion d'entre deux hommes, à ſçauoir
lequel des deux on doit eſtimer le plus, ne regarde
pas l'Etat de Nature, mais ſeulement l'Etat Ciuil. Car
i'ay fait voir cy-deſſus dans l'article troiſiéme du Chapitre premier, que tous les hommes ſont égaux entre eux par Nature, & qu'ainſi l'inégalité qu'on y
voit par exemple pour les richeſſes, la puiſſance,
l'extraction, *leur vient de la Loy Ciuile.* le ſçay qu'-
Ariſtote au premier liure de ſes Politiques aſſure
comme le fondement de toute la ſcience Politique,
que la Nature a fait les hommes, les vns pour commander, les autres pour obeir ; comme ſi ce n'étoit

CHAPITRE
III.
*Setiéme Loy
de Nature*
contre les ou-
trages.

*Huictiéme
Loy de Natu-
re, contre la*
ſuperbe.

pas le confentement des hommes qui eût fait le Maiftre & le Valet, & que cela vint de ce qu'ils y font nais
propres, ie veux dire de leur fcience ou ignorance
naturelle. Mais ce fondement eft non feulement
contre raifon, comme i'ay fait voir cy deffus, mais
contre l'expérience: car il n'y a prefque perfonne au
monde fi ftupide qui ne trouvât plus à propos de fe
gouuerner foi mefme que de l'eftre par autruy; &
quand les plus Sages font en démelé auec les plus
forts, les premiers n'ont guere acoûtumé de vaincre.
Soit donc que les hommes foient par Nature égaux
entre eux, il faut y reconoître cette égalité: & fuf-
fent ils inégaux, quand ils doiuent difputer du commandement, il faut pour le bien de paix qu'on les
tiene tous égaux. C'eft donc en huictiéme lieu vn
précepte de la Loy de Nature, *Qu'on tiene tout homme égal par Nature à tout autre. La Superbe* eft contraire à cette Loy.

XIV. Comme il étoit néceffaire qu'vn chacun
pour fe conferuer fe départît de quelques droits:
Auffi faut il que pour cela mefme il retiene de fes
droits, c'eft à fçauoir de fe defendre, d'vfer libre-
ment de l'air, de l'eau, & des autres chofes néceffaires
à la vie. Comme donc ceux qui font paix entre eux
retienent beaucoup de droit en commun, & en acquerent beaucoup d'autres en leur particulier, delà vient ce précepte neuuiéme de la Loy de Nature;
*Qu'vn chacun accorde à tout autre les mefmes droits qu'il
vent pour foy.* Sans cela il rendroit en vain l'égalité
reconnuë dans l'article précedent: car dés-là qu'on
reconoit

reconoît cette égalité de perſonnes qui vont faire
ſocieté, on doit leur attribuër choſes égales, puis
que ſans cela rien ne les obligeroit à faire ſocieté ; &
qu'on rende choſes égales à perſonnes égales, c'eſt
garder la proportion. L'obſeruation de cette Loy
s'appelle donc *Modeſtie* ; comme ſon infraction s'appelle d'vn mot Grec *Pléonexie* : & qu'on nomme
d'vn nom Latin ceux qui la violent *Immodiques* ou
autrement *Immodeſtes.*

x v. En dixiéme lieu la Loy de Nature veut, *Que qui
doit rendre Juſtice ne faſſe faueur à perſonne.* La Loy
précédente defendoit de s'attribuër plus de droit
qu'aux autres ; on peut s'en attribuër moins ſi l'on
veut, & quelquefois c'eſt modeſtie : Mais où il s'a-
git de diſtribuër leur droit à d'autres, on doit rendre
à chacun le ſien, faire vn paſſe-droit pour l'vn eſt ne
garder pas l'égalité naturelle, & meſmement outrager l'autre : & i'ay fait voir cy-deſſus, que faire outrage eſt violer la Loy de Nature. L'obſeruation de ce
précépte s'apelle *équité* ; qu'on le viole, c'eſt *acception
de perſonnes* : le Grec dit tout en vn mot.*

x v i. De la Loy que ie viens de dire ſe tire l'onziéme Loy, *Que s'il ſe peut on ait par indiuis, & en
commun ce dont on deura ioüir qu'on ne ſçauroit diuiſer:
que s'il y en a aſſez, on en prene tant qu'on voudra:
ſinon, que ce ſoit auec meſure, & ſelon qu'on ſera de
gens en ayans l'vſage :* Et c'eſt qu'autrement on ne
ſçauroit garder l'égalité que i'ay fait voir dans l'article précédent, que commande la Loy de Natu-
re.

F

*Dixéme Loy
de Nature*, de
l'équité, ou
contre l'ac-
ceptation
des perſon-
nes.

**Proſopolipſie.*

*Onziéme Loy
de Nature*, des
choſes qu'on
doit auoir en
commun.

*Douzième
Loy de Natu-
re*, qu'on tire
au fort les lots
d'vn partage.

XVII. Aussi si la chose est telle qu'on ne puisse ny la diuiser, ny en iouïr par indiuis, la Loy de Nature veut (& ie compteray que c'est son précépte douziéme) qu'on fasse de deux choses l'vne : *Qu'on en vse chacun à son tour ; ou qu'on tire au sort à qui l'aura : & que si plusieurs en ont l'vsage, on tire au sort à qui sera le premier :* car c'est là le seul moyen d'y garder de l'égalité.

*Treziéme
Loy de Na-
ture*, du droit
d'ainesse &
du premier
occupant.
*Clironomie.

XVIII. Il y a deux sortes de *sort*, l'Arbitraire & le Naturel. L'arbitraire est celuy dont s'accordent les parties, & depend purement du hazard, & comme on dit de la fortune. Le Naturel est *la primogeniture* ou droit d'*ainesse*, que les Grecs ont apellée *comme qui diroit donnée par sort, & qu'on soit *le premier occupant*. Ce donc qu'on ne sçauroit partager ny iouïr par indiuis, doit étre au premier qui s'en saisit: mesmement au premier né, si c'estoit des biens de son pere ; sinon que le pere luy mesme en eût transporté le droit à vn autre auparauant. Ie compte donc que c'est icy la treziesme Loy de Nature.

*Quatorziéme
Loy de Natu-
re*, des seure-
tez pour les
Médiateurs
de paix.

XIX. Son quatorziéme précepte est *Qu'on donne sauue-garde & sauf-conduit aux Mediateurs de Paix*. Car la raison qui ordonne aussi les moyens nécessaires à la fin : Or la raison ordonne en premier lieu la paix, & puis les moyens à la paix, sans quoy elle ne sçauroit estre. Mais il n'y auroit point de paix sans Médiateurs ; ny de Médiateurs s'ils n'estoient en seureté : La raison dicte donc, & c'est dire la Loy de Nature, *Que les Médiateurs de Paix soient en seureté.*

x x. Au refte, puis qu’il eft certain que les hommes s’accordaffent-ils entre-eux de garder toutes ces
Loix de Nature, & d’autres s’il y en a, il ne laifferoit
pas de naiftre tous les iours entre eux des doutes &
des controuerffes pour l’application de ces Loix à
leurs actions : ie veux dire qu’on mettroit en queftion fi ce qu’on auroit fait ou non feroit ou non
contre la Loy,(ce qu’on nomme Queftion deDroit:)
à raifon dequoy les parties pourroient en venir aux
mains, fe croyans lezez : Il faut pour garder la Paix
quand il n’y a point d’autre remede , que les deux
parties s’accordent *d’vn tiers,* au iugement duquel
ils s’obligent par pactes mutuels de s’en tenir. On
apelle *Arbitre* celuy dont on conuient de la forte.
C’eft donc là le quinziéme précepte de la loy de
Nature, *Que quand on eft en different on s’accorde d’vn
Tiers pour Arbitre ; & qu’on en demeure à fon iugement.*

x x i. Or de ce que les parties ont choifi ce Iuge
& Arbitre à vuider leur different, il s’enfuit que
l’Arbitre ne doit étre aucun d’eux. Car on fait état
qu’vn chacun ne cherche naturellement ce qui luy
eft bon ; & feulement par accident & pour le bien
de paix ce qui eft iufte : Et qu’ainfi mal ayfément
garderoit il fi bien qu’vn Tiers l’egalité qu’ordonne la loy de Nature : Il eft donc au feiziéme lieu de
la loy de Nature *Que nul ne foit Iuge ou Arbitre en fa
propre caufe.*

x x i i. Et il fuit auffi de là en dix-fetiéme lieu,
Que nul ne doit étre Arbitre à qui il doit preuenir de

*Quinziéme
Loy de Na-
ture ,* qu’on
s’accorde
d’Arbitres.

*Seiziéme Loy
de Nature;*
que nul ne
foit juge en fa
propre caufe.

*Dixfetiéme
Loy de Natu-*

re , que les
Arbitres
n'ayant rien
à esperer des
parties.

*Dix-huictié-
me Loy de
Nature* , des
témoins.

*Dix-neuuié-
me Loy de Na-
ture*, qu'on ne
fasse point de
pacte auec
son Arbitre.

*l'honneur ou du profit de ce que l'vne des parties aura
obtenu en cause* : quand la raison y est la mesme que
pour loy précédente.

XXIII. Mais quand on dispute *du fait* ie veux
dire si ce que l'vn asseure & l'autre nie auoir esté fait
l'a esté ou non, la loy de Nature veut par l'article
quinziéme, que l'Arbitre les en croye également,
& qu'ainsi puis qu'ils asseurent des choses toutes
contraires, il n'en croye ny l'vn ny l'autre. Il faut
donc que pour prononcer du fait qu'il ne peut
sçauoir autrement il en croye vn Tiers : ou vn Tiers
& vn Quatriéme, ou plus que cela. Et ainsi la dix-
huitiéme loy de Nature enjoint aux Arbitres & Iuges du fait, *que n'y ayant point d'autres preuues &
signes certains , ils prononcent sur la déposition de témoins, sans reproche , & sans objet.*

XXIV. On peut entendre aussi par la définition
que i'ay donnée de l'Arbitre, qu'il ne peut y auoir
de pacte ou promesse entre luy & les parties qui l'ont
choisi pour Arbitre en vertu dequoy il soit tenu de
prononçer pour l'vn plûtôt que pour l'autre, ou mesme de prononçer selon l'équité , ou ce qu'il jugera
tel. Car l'Arbitre est obligé par la loy de Nature, que
i'ay raportée dans l'article quinziéme, de rendre la
Sentence qu'il croit de justiçe ; Et il ne se peut rien
ajoûter par pacte à l'obligation de cette Loy : tel
pacte donc seroit en vain. D'ailleurs si aprés auoir
jugé on anoit droit de luy dire que ce fût iniuste-
ment, & qu'il deût soûtenir sa Sentence juste : on
seroit encore en différent aprés la Sentence donnée,

ce qui eſt contre l'établiſſement de l'Arbitre ; puis
qu'on s'eſt obligé de s'en tenir à ſon jugement. La
loy de Nature ordonne donc (& c'eſt içy ſon dix-
neuuiéme précepte) *Qu'il ſoit libre à l'Arbitre de juger ,comme bon luy ſemblera.*

XXV. Au reſte , puis que les loix de Nature ne
ſont autre choſe que ce que dicte la droite raiſon ,
& qu'ainſi à moins que de ſe conſeruer la faculté de
raiſonner, on ne ſçauroit garder les loix de Nature,
il eſt éuident que tout homme qui s'affoiblit à deſſein la faculté de raiſonner, ou ſe la détruit , viole de
gaieté de cœur la loy de Nature. Car il n'importe
qu'on faſſe directement contre ſon deuoir ; ou que
de propos déliberé on ſe mette en état de ne le pas
faire. Quand donc c'eſt détruire en ſoy, on affoiblir la puiſſançe de raiſonner, que de prendre trop
de vin , ou ſe charger de crapule , *La crapule* eſt en
vintiéme lieu contre la loy de Nature.

XXVI. Peut étre qu'aprés auoir conſideré auec
quel art i'ay déduit tous ces préceptes de Nature de
ce que la raiſon nous dicte de nous conſeruer ſains
& ſauues, quelqu'vn dira que cette déduction eſt ſi
difficile qu'il ne faut pas s'attendre que ces Loix
ſoient generalement connuës , ny par conſéquent
qu'elles obligent , veu que les Loix n'obligent &
meſme ne ſont Loix qu'entant qu'elles ſont conuës.
Ie reſpons qu'à la verité l'eſperance, la crainte, la
colere, l'ambition, l'auarice, la vaine gloire , & les
autres paſſions empéchent pour le temps qu'elles
préualent qu'on ne conoiſſe les loix de Nature ;

CHAPITRE III.

Mais qu'il n'y a perſonne au monde qui ne ſoit quelquesfois de ſens raſſis. Or en cet état quelque ignorant & mal·habile qu'on ſoit, il n'y a rien d'aiſé comme de s'éclaircir bien-toſt ſi l'on a droit ou non de faire ce qu'on ſe propoſe de faire à autruy : Car il ne faut pour cela que ſe mettre en la place de l'autre. En cet état les paſſions qui pouſſoient à faire, comme tranſportées dans l'autre plat de la balançe preſſent à ne faire pas. Et cette regle eſt non ſeulement aiſée, mais notoire des long temps, & conçeuë en ces termes, *Que nul ne faſſe à autruy ce qu'il ne ~voudroit pas qu'on luy fit.*

Les loix de Nature n'obligent que pour le fore intérieur.

XXVII. Or comme par déſir inique pour les commoditez préſentes, la plus-part des gens, quoy que ſçachans bien les Loix, ſont mal diſpoſez à les garder: s'il s'en trouuoit de plus retenus que les autres qui gardaſſent cette equité naturelle, les autres ne la gardant pas, ils ne feroient rien moins que ſuiure en cela ce que dicte la raiſon. Car bien loin de ſe procurer la paix, ils auançeroient leur ruine ; & pour trop garder la Loy, ſe rendroient la proye de qui ne la garderoit pas. Il ne faut donc pas ſe perſuader qu'on ſoit obligé par Nature, c'eſt à dire par raiſon,*

** Voyez les Remarques.*

à l'exercice de toutes ces Loix quand les autres font le contraire: on n'eſt obligé qu'au deſſein de les garder ; tout autant qu'on le jugera néceſſaire pour la fin à quoy elles ſont ordonnées. Il faut donc conclure que la Loy de Nature oblige en tout temps, & en tout lieu, *quant au for: intérieur*, ie veux dire en conſcience : mais qu'elle n'oblige *pour le fore ex-*

térieur, que quand il se peut seurement.

XXVIII. On peut violer les Loix qui obligent en conscience non seulement en faisant contre, mais selon; & c'est à sçauoir si l'on pense faire contre. Car qu'importe de l'action, si la conscience est contre.

XXIX. *Les Loix de Nature sont immuables & éter-nelles*; Ce qu'vne fois elles defendent ne peut iamais estre loisible, ny ce qu'elles ordonnent illicite. De vray *iamais la superbe, ny l'ingratitude, ny qu'on viole sa foy & fasse vne injure; iamais l'inhumanité, ny les affronts ne seront choses loisibles*, ny les vertus con-traires illicites, à les prendre pour de simples dis-positions, ie veux dire eu égard au fore de la con-science, le seul où elles obligent & soient des Loix. Cependant il peut y auoir dans nos actions de telles diuersitez, soit pour les circonstançes, ou à raison de la loy Ciuile, que telle qui sera iuste en vn temps sera iniuste en vn autre; & la mesme tantôt selon, & tantôt contre raison. Et toutefois cette mesme rai-son garde ioûjours pour mesme fin la paix d'vn cha-cun, & qu'il se conserue, & toûjours les mesmes moyens qui sont les Vertus de l'ame, que i'ay déclaré cy-dessus qu'il n'y a ny coûtume, ny loy Ciuile qui puisse abroger.

XXX. On voit sur ce que i'ay dit combien les loix de Nature sont aisées à garder, qui obligent seulement à s'efforçer de le faire, pourueu que ce soit tout de bon, & qu'on n'en relasche iamais. L'homme iuste donc est celuy qui tasche ainsi de les accomplir. Car des-là qu'on fait son possible que toutes ses actions soient selon les loix de Nature, on donne assez à conoître qu'on a dessein de les accomplir : Or la Nature raisonable ne nous oblige qu'à cela ; & c'est être juste que de tenir tout ce à quoy elle oblige.

La loy de Nature *est la mesme que la* loy Morale.

XXXI. Tous les Auteurs sont d'accord, *que la loy de Nature est la mesme que la loy Morale* : Voyons donc pourquoy cela. Il faut donc sçauoir que les noms de *bon* & *mauuais* ont esté imposez aux choses pour signifier l'*apétit* ou l'*auersion* de qui les apelleroit ainsi. Or les hommes ont diuers goûts selon leur tempéramment, leurs coûtumes, ou opinions ; ce qu'on void aux obiets des sens, comme du goût, du toucher, de l'odorat, & plus encore en ce qui regarde les actions ordinaires de la vie, où ce que tel louë & dit qu'il est bien, l'autre le blâme & dit qu'il est mal, iusques-là qu'on void le mesme homme tantôt louër, tantôt blâmer vne mesme chose. De tels differents que cela viennent les querelles : & ainsi on est en guerre tant qu'on mesure le bien & le mal chacun à son goût présent, & à diuerses mesures. Mais, qui est en guerre la conoît mauuaise, d'où il conclud que la paix est bonne : Ceux donc qui n'auoient pû conuenir du bien présent conuienent du bien à venir ; & ils le font par raison, puis qu'on aperçoit le present par les sens, & l'auenir par la raison seule. Puis donc que la raison dicte que la paix est bonne, selon la mesme raison tous les moyens necessaires à la paix sont bons, & ainsi la modestie, l'equité, la fidelité, l'humanité, la misericorde, que

i'ay

i'ay fait voir néceſſaires à la paix ſont *bonnes mœurs ou habitudes*, & c'eſt à dire *vertus*: La Loy donc des-là qu'elle ordonne les moyens à la paix, ordonne les bonnes mœurs ou vertus ; & c'eſt pourquoy on l'a-pelle *Loy Morale*.

XXXII. Or de ce qu'on ne ſçauroit ſe dépoüil-ler entierement de cet apétit déraiſonnable de moins. eſtimer vn bien à venir qu'vn préſent, quoy qu'en trainant auec ſoy vne longue ſuitte de maux impré-ueus, de là vient que bien qu'on loüe tout d'vne voix ces vertus, on n'eſt pas pour cela bien d'accord de leur Nature, & en quoy elles conſiſtent. En effet qui n'aprouue pas la bonne action d'autruy luy don-ne auſſi tôt le nom du vice voiſin; & raporte de meſ-me à quelque vertu le vice qui plait. Il arriue donc que tel loüe & nomme vertu, ce que tel autre blâme & apelle viçe; & les Philoſophes n'ont ſçeu iuſques à maintenant comment y remedier: Car pour n'auoir pas pris garde que nos actions ſont bonnes, eu eſ-gard à la paix, & n'ont de maliçe qu'en ce qu'elles tendent à querelle & noiſe; ils ſe ſont forgé certaine Philoſophie Morale, differente de la loy Morale, & qui ſe contredit elle-meſme. Car ils ont voulu que la Nature des Vertus fût en certaine *Médiocrité* en-tre deux *Extrémes*; & le viçe en ces extrémes: Ce qui eſt viſiblement faux : puis qu'on eſt loüé de ce qu'on entréprend les plus grandes choſes, & que cela s'apelle *Forçe & Vertu*, quand c'eſt pour vne bonne fin. De meſme ce n'eſt pas la quantité de ce qu'on donne grande, petite, ou médiocre qui

CHAPITRE III.

D'où vient que ce que i'ay dit içy des loix de Nature, n'eſt pas le meſ-me que ce que les Philoſophes ont enſeigné des vertus.

G

fait la libéralité, mais le fujet qu'on a de donner, ny ce n'eft pas injuftiçe que de donner à autruy plus qu'on ne luy doit. Ainfi les loix de Nature font la fomme & l'abrégé de la Philofophie Morale : mais ie n'en ay donné que les préceptes à fe garantir des dangers qui viennent de la difcorde. Cependant il y a d'autres préceptes de la Nature raifonable d'où naiffent d'autres vertus. Ainfi *la TempéranÇe* eft vn précepte de la raifon, puis que de l'intemperanÇe vieneut les maladies & la mort:Et *la ForÇe*, l'eft auffi; ie veux dire la faculté de tenir bon dans les dangers prefens, qu'il feroit plus difficile d'éuiter que de furmonter, quand c'eft elle le feul moyen de falut.

XXXIII. Enfin quand les loix de Nature (comme nous les apellons) ne font que des conclufions tirées par vn bon raifonement de ce qu'on doit faire ou obmettre ; & qu'à proprement parler la loy eft ce que dit & donne à entandre celuy qui commande auec droit aux autres de faire ou ne faire pas : fi l'on confidere ces Loix, comme venans de la Nature, ce ne font pas proprement des Loix : mais elles le font tres-proprement en tant que données de Dieu dans l'Ecriture fainte, ainfi que ie vay faire voir dans le Chapitre fuiuant, *Quand l'Ecriture fainte eft la parole de Dieu, le Souuerain de tout le Monde.*

LES ELEMENS DE LA POLITIQVE.

CHAPITRE QVATRIESME.

Que toute Loy de Nature est Loy Diuine.

1. LA Loy qu'on nomme de Nature, & loy Morale, s'appelle aussi loy Diuine : & certes auec raison, quand de vray la loy de Nature n'est autre que la raison que nous reçeuons tous immédiate- ment de Dieu, pour regle de nos actions ; & que les préceptes de bien viure qu'on tire de là sont les mesmes que les Commandemens de Dieu, promul- guez par nôtre Seigneur Iesus-Christ, par les Pro- phetes, & par les Apostres, pour loix du Royaume des Cieux. Ie vay donc confirmer en ce Chapitre par passages de l'Ecriture sainte, ce que i'ay fait voir cy- dessus qu'ordonnoit la loy de Nature.

Les Préce- ptes de bien vi- ure, sont Com- mandemens de Dieu.

G ij

11. Et ie l'allégue en premier lieu pour faire voir que la loy Diuine eſt dans la droite raiſon. Au Pſalme donc trente-ſixiéme aux verſſets trentiéme & trente-vniéme, *La bouche du juſte ſera remplie de Sageſſe, & ſa langue prononçera choſes juſtes; la loy de ſon Dieu eſt dans ſon cœur.* Au chapitre trente-vniéme de Ieremie au verſſet trente-troiſiéme, *Ie leur mettray, dit le Seigneur, ma Loy dans les entrailles; & la leur écriray dans le cœur.* Au Pſalme dix-huitiéme au verſſet huitiéme, *La Loy du Seigneur eſt ſans tâche, & elle conuertit les Ames;* & au verſſet neuuiéme, *Les Préceptes du Seigneur ſont tous éclatants de lumiére, & illuminent les yeux* Au chapitre trentiéme *du Deuteronome*, au verſſet onziéme, *Ce Commandement que ie te donne auiourd'huy n'eſt pas au deſſus de toy, ny fort éloigné;* & au verſſet quatorziéme, *Mais il eſt là tout proche; Tu l'as dans ta bouche, & dans ton cœur.* Au Pſalme cent dix-huitiéme, au verſſet trente-quatriéme, *Donnez-moy l'intelligence,* dit le Pſalmiſte à Dieu, *& i'étudiray vôtre Loy;* & au verſſet cent cinquiéme, *Vôtre parole eſt le flambeau qui m'éclaire.* Ainſi au chapitre neuuiéme des Prouerbes, au verſſet dixiéme il eſt dit, *Que la Prudence eſt la ſcience des Saints;* Et S. Iean tout dés le commencement de ſon Euangile parlant de *Nôtre Seigneur Ieſus-Chriſt,* qui a promulgué la Loy, luy donne le nom de * Raiſon, & au verſſet neuuiéme du meſme chapitre il l'apelle *la vraye lumiére qui illumine tout homme venant en ce monde.* Et en tout cela nous voyons la droite raiſon décrite, dont i'ay fait voir

que les préceptes sont ceux de la loy de Nature.

III. Et quand i'ay posé ce fondement, que la loy fondamentale de Nature est *qu'il faut chercher la paix*: le prouue qu'elle est aussi la somme & l'abregé de la loy Diuine. Car dans l'Epître aux Romains, au chapitre troisiesme au versset dix-sétiesme S. Paul parlant de la iustiçe, qui est l'abregé de la loy, l'apelle *voye à la paix*. De mesme au versset onziesme du Psalme quatre-vingt quatriesme, il est dit, *Que la justiçe & la paix se sont baisées*, Et il est dit en S. Mathieu au chapitre cinquiéme au versset neuuiéme, *Bien-heureux les gens paisibles, car ils seront apellés enfans de Dieu*. Aussi S. Paul ayant dit au dernier versset du chapitre sixiéme aux Hébreux, *Que Iesus-Christ* le Législateur de la Loy dont il s'agit, *Est le Pontife pour toute l'éternité selon l'ordre de Melchisedec*: ajoûte au versset premier du chapitre sétiéme ce Melchisedec étoit Roy de Salem, Prestre du grand Dieu; & au versset deuxiéme on interpréte, dit il, que Melchisedec veut dire *Roy de justiçe*; & Roy de Salem, *Roy de paix*: Et par là il fait voir que Iesus-Christ est le Roy qui dans son Royaume, *marie la justiçe à la paix*. De mesme au Psalme trente-troisiéme au versset quinziéme, nous auons ce précepte-cy, *Ecarte-toy du mal, fuy le bien, cherche la paix, & la poursuis*: Et quand Isaïe au chapitre neuuiéme, aux verssets sixiéme & sétiesme parle de l'enfant nouueau-né, il porte, dit-il, sur l'épaule ses marques de Prinçe; & aura nom l'Admirable, le Conseiller, le Dieu fort, le Pere du Siéclé à venir, *le Prince de paix.* D'ailleurs le mefme Ifaïe au chapitre cinquante-deuxiéme au verffet fétiefme trouue les pieds beaux de qui annonçe *la paix* : Et dans S. Luc il eft dit au chapitre fecond, au verffet quatorziéme, qu'à la Natiuité de Nôtre Seigneur Iefus-Chrift on oüit vne voix loüant Dieu, & difant gloire à Dieu aux lieux tres-hauts, *& paix* en terre aux hommes de bonne-volonté. Et pour citer encore Ifaïe au chapitre cinquante-troifiefme au verffet fixiefme il appelle l'Euangile *la Difcipline de paix* ; luy qui dans fon chapitre cinquante-neuuiéme, au verffet huitiéme apelle la iuftiçe *la voye à la paix.* Ils ont ignoré, dit-il, la voye à la paix ; leurs démarches font fans iugement. Et Michée dans le mefme efprit au verffet cinquiéme de fon chapitre cinquiéme, parle du Meffie en ces termes : Il fe maihtiendra & gouuernera par la forçe du Seigneur, &c. Et c'eft pourquoy il fera glorifié d'vn bout du Monde à l'autre, & ce fera luy *la paix.* Enfin au verffet premier du chapitre troifiefme des Prouerbes, nous auons ces belles paroles, *Mon fils n'oublie point ma Loy ; garde mes Préceptes dans ton cœur, & tu auras pour recompenfe de longues années de vies & de paix.*

Abolir la Communauté de toutes chofes.

　IV. Puis quant à la premiere Loy tirée de ce principe, ie veux dire d'abolir la communauté de toutes chofes, & introduire le *Mien* & le *Tien* : On trouue premierement combien telle Communauté feroit contraire à la paix, quant au verffet huitiefme du chapitre treiziefme de la Genefe, Abraham prie Lot, que pour éuiter querelle premierement entre eux, puis auſſi entre leurs Paſteurs, il prene party ailleurs : Et l'on void cette meſme Loy de la diſtinction du nôtre & du bien d'autruy confirmée par les deffançes *de prendre le bien d'au-truy*, comme , *Tu ne tueras point* ; *Tu ne déroberas point* ; *Tu ne commettras point adultaire* : qui font voir qu'on a plus droit ſur toutes choſes.

v. On void dans ces meſmes préceptes la ſeconde loy de Nature de *garder ſa foy.* Car qu'eſt ce autre choſe, *Tu ne prendras point le bien d'autruy* que cela, Tu n'enuahiras point ce qui par ton pacte a ceſſé d'eſtre tien. Auſſi quant au Pſalme quatorzieſme au verſſet cinquieſme, ce Roy demande, *Seigneur qui habitera dans ton Tabernacle ?* il reſpond auſſi-tôt, celuy qui jure à ſon prochain, & luy *tient parole* : Et nous auons ce Précepte au chapitre ſixieſme au verſſet premier des Prouerbes, Mon fils ſi tu as promis à ton prochain, *tu t'es lié* par les paroles de ta bouche.

vi. La troſiéme loy de Nature concernant *la gratitude* ſe confirme par ces paſſages. Au chapitre vingt-cinquiéme du Deuteronome au verſſet quatriéme, *Tu n'emmuſeleras point le bœuf qui foule le grain* : Ce que S. Paul aux Corinthiens au chapitre neuuiéme explique des hommes, & non des bœufs ſeulement. Ainſi au chapitre dix-ſétieſme des Prouerbes au verſſet trezieſme il eſt dit, Que qui rend le mal pour le bien, le mal ne s'éloignera point de ſa maiſon : Ainſi on void le Précepte au chapitre vingtieſme du Deuteronome , Si tu marches vers

vne plaçe pour la prendre, offre luy d'abord la paix:
si elle l'accepte, & qu'elle t'ouure ses portes, tu sau-
ueras tout son peuple, & il te fera Tribut : Et cet
aduertissement au chapitre troisiesme des Prouerbes,
au versset vingt-neuuiéme, *Ne machine point contre
ton amy, qui prend confiançe en toy.*

**Se rendre
commode à
autruy.**

VII. Quant à la quatriéme Loy, *d'estre commode à
autruy,* elle n'enseigne autre chose que ces préceptes Diuins. Au chapitre vingt-troisiéme de l'Exode
aux verssets quatriéme & cinquiéme , *Si tu rencontres
le bœuf de ton ennemy égaré, tu le luy rameneras ; & que
tu voye son asne qui ait succombé sous le faix, tu ne
passeras point sans le releuer,* Et au versset neuuiéme,
Ne sois pas faścheux & incommode à l'Estranger. Au
chapitre troisiesme des Prouerbes au versset trentiéme, Ne plaide point l'homme en vain, qui ne
t'a point fait de mal : Au chapitre douziéme au versset vingt sixiéme, C'est être juste que de mépriser
son interét pour son amy : Au chapitre quinziesme
au versset dix-huitiesme , l'homme fougueux cherche querelle ; & le paisible l'appaise : Au chapitre
dix-huitiesme au versset vingt-quatriesme, *L'homme de bon naturel te sera plus amy que ton propre frére.*
Ce qu'on void aussi en S. Luc au chapitre dixiesme
dans la Parabole du Samaritain, qui eut compassion du Iuif, que les voleurs auoient blessé ; Et enfin
dans ce precepte de *Nôtre Seigneur Iesus-Christ* au
chapitre cinquiéme de S. Mathieu au versset trente-
cinquiesme, *Ne resistés point au méchant homme,
mais s'il vous donne sur la joüä, preséntés luy l'autre.*

VIII.

VIII. Puis quant à la Loy qui veut *qu'on remette les offençes* parmy grand nombre d'autres textes, nous auons ces deux tres-exprés, tous deux de S. Mathieu. Si vous remettés leurs pechez aux autres, vôtre Pere celeste vous remettra les vôtres: Si vous ne les remettés pas; il ne vous les remettra pas: Et le second au chapitre dix-huiétiesme au verſſet vingt-vniesme, en ces termes: *Seigneur combien de fois mon frere péchera-t-il contre moy que ie luy pardonne? Sera ce iuſqu'à ſept fois?* Et noſtre Seigneur reſpond, *Ie ne te dis pas ſept fois, mais ſoixante-dix fois ſept*: qui eſt dire ſans compter autant qu'il offançera.

IX. Auſſi la Loy ſixiesme *de n'eſtre pas vindicatif*, ſe trouue conforme aux préceptes *de faire miſericorde*. Ainſi en S. Mathieu au chapitre cinquiéme auverſſet ſétiéme, *Bien heureux les miſéricordieux, car il leur ſera fait miſericorde*: Et de meſme au chapitre dix-neuuiéme du Leuitique, auverſſet dix-huiétiéme, *Ne cherche point à te vanger; ne garde point le ſouuenir de l'injure reçeuë*. Cependant beaucoup de gens bien loin de croyre cette Loy confirmée par l'Ecriture ſainte, l'y croyent tout à fait abolie: en ce qu'on y void des ſuppliçes eternels préparés aux méchans aprés leur mort, qu'il ne ſera plus temps ny de les en corriger, ny d'en faire exemple. On répond communement, que Dieu quand il n'eſt tenu à aucune Loy, rapporte tout à ſa gloire, ce qui n'eſt pas loiſible à l'homme: comme ſi Dieu cherchoit ſa gloire dans la mort du pé-

CHAPITRE
I V.
Pardonner
les offençes.

N'étre pas
vindicatif.

H

CHAPITRE IV.

cheur, & qu'il y eût du plaisir. Il vaut mieux répondre à l'objection, *Que la peine éternelle fût éta-*
blie auant le peché, pour faire craindre d'y tomber.

Ne mal-
traiter ny mé-
priser autruy.

 X. Ie confirme la setiéme *de ne mal-traiter ny mé-*
priser son prochain, premierement par ces paroles de
Noſtre Seigneur Ieſus-Chriſt au chapitre cinquiéme
de S. Mathieu au verſſet vingt deuxiéme, *Ie vous*
aſſure que tout homme qui se faſche contre son frére se
trouuerra coupable au Jugement, & que pour l'apeller
fou, il meritera les feux eternels : Puis par tous ces
Prouerbes-cy : Au chapitre dixiéme au verſſet dix-
huiétiéme, *C'eſt être fou que d'outrager son prochain :* Au
chapitre quatorziéme au verſſet vingt vniéme, *On*
péche quand on le méprise : Au chapitre quinziefme
Le parler rude émeut à fureur : Et au verſſet dixiefme
du chapitre douziefme, *Chaſſés le moqueur, & vous*
n'aurés plus de querelles.

Eſtre hum-
bles & égal.

 XI. La Loy huitiéme, *Qu'on se tiéne égaux par*
Nature, en quoy conſiſte l'humilité, Ie trouue premierement : Au chapitre cinquiéme de S. Mathieu
au verſſet troiſiéme, *Bien-heureux les pauures d'eſprit,*
car le Royaume des Cieux eſt à eux : Puis aux Prouerbes en tous ces endroits : Au chapitre ſixiéme, aux
verſſets ſeiziefme & dix-neuuiefme, *Il y a ſix choſes*
que le Seigneur hait, & son ame déteſte la ſétiéme ;
Les yeux hautains, &c. Au chapitre ſeiziefme au
verſſet cinquiefme, *L'homme arrogant eſt l'auerſion*
du Seigneur, fût-il tout le iour ſans rien faire, il n'eſt
pas juſte : Au chapitre onziefme au verſſet second,
La part que ſera la ſuperbe on ne verra que querelles ;

mais on trouuerra la *Sageſſe* où ſera *l'humilité.* Enfin
quand Iſaïe annonçe la venuë du Meſſie au chapi
tre quarantieſme au verſſet neuuieſme , pour pré-
parer à ſon Royaume, voiçy quelle, il dit, qu'eſt la
voix de celuy qui crie au deſert. *Préparés les voyes*
du Seigneur; faites droits ſes ſentiers dans la ſolitude;
Toute valée ſera comblée , & tout coteau abaiſſé. Ce
qui aſſurément ne ſe doit pas entandre des mon-
tagnes, mais des hommes.

XII. Quant à *l'equité* que i'ay dit, *Qu'vn chacun*
permette à tout autre ce qu il veut qu'il luy ſoit permis,
ce qui comprend toutes les loix de Nature: Moyſe
la commande au verſſet dix-huitieſme du chapitre
dix-neuuieſme du Léuitique , en ces termes , *Tu*
aimeras ton amy comme toi-meſme , & *Nôtre Seigneur*
Ieſus Chriſt nous enſeigne au chapitre vingt-vnieſme
de S. Mathieu au verſſet trente ſixieſme, qu'elle eſt
l'abrégé de la loy Morale: *Nôtre Maiſtre , Quel eſt*
donc le grand Commandement de la Loy ? Et Ieſus ré-
pond, Tu aimeras le Seigneur ton Dieu, & le reſte , c'eſt
le tres Grand & le premier Commandement; mais le ſecond
tout ſemblable eſt que tu aimes ton prochain comme toy-
meſme. De ces deux Commandemens dépend la Loy & les
Prophetes. Or aymer ſon prochain comme ſoy-meſme, eſt luy permettre les meſmes choſes que nous
voudrions qu'il nous permît.

XIII. La dixiéme loy defend *l'acception des per-*
ſonnes ; & les paſſages ſuiuants. Au chapitre cinquiéme de Sainct Mathieu, au verſſet quarantecin-
quieſme ; *afin que vous ſoyés les enfans de vôtre pere*

CHAPITRE.
IV.

Garder l'e-
quité de ſoy
à autruy.

Garder l'e-
quité en tou-
tes choſes.

qui fait leuer son Soleil sur les iustes & sur les injustes. Au chapitre troisiéme des Colossiens, au versset onziéme ; *Où il n'y a point de Gentil ny de Iuif, de Scythe ny de Barbare . mais eu Iesus-Christ est tout en tous.* Au chapitre dixiéme des Actes, au versset trente-quatriéme ; *En verité i'ay trouué qu'en Dieu il n'y a point d'acception de personnes.* Au second Liure des Croniques au chapitre dix-neuuiéme au versset septiéme ; *On ne trouue point l'iniquité chez le Seigneur, ny l'acception des personnes.* Dans l'Ecclésiastique au chapitre trente-cinquiéme au versset seiziéme ; *Le Seigneur est le Iuge, l'extérieur & la pompe n'y fait rien.* Et dans l'Epitre aux Romains au versset onziéme du chapitre second ; *l'acception des personnes n'est point chez Dieu.*

XIV. Quant à l'onziesme Loy, *qu'on ait en commun ce qu'on ne sçauroit partager*, ie ne sçay si elle est expressement dans l'Ecriture Saincte ou non : mais on en void la pratique ordinaire dans l'vsage par indiuis *des puits, des chemins, des riuiéres, des choses sacrées* : & l'on ne peut faire autrement.

XV. I'ay dit qu'en douxiéme lieu c'étoit vne Loy de Nature que ne pouuant partager ny iouïr par indiuis quelque chose qu'on deut auoir *on la tirât au sort* : & ie le confirme en premier lieu par l'exemple de Moyse, qui par ordre exprés de Dieu au chapitre trente-quatriéme des Nombres partage aux Tribus d'Israël la Terre de Promission, & en tire les lots au sort : Et en second lieu par l'exemple des Apôtres, lesquels aprés cette priére *Seigneur faites*

voir s'il vous plait lequel des deux vous auez choisi:
tirent *le sort* pour Mathias, qui l'emporte sur le juste. On en peut conclure autant de ce qu'on trouue aux Prouerbes au chapitre seiziéme au verssec
trente-troisiéme ; *Qu'on jette les sorts dans l'Vrne &*
que le Seigneur en dispose. Et ce qui est la treiziéme
Loy de Nature, c'étoit à Esaü de succeder à Isaac,
comme étant son fils premier né, s'il n'eut vendu
son droit d'ainesse à Iacob, ainsi qu'il est rapporté
au chapitre vingt cinquiéme de la Genése : ou que
le pere en eut disposé autrement.

XVI. Sainct Paul dans la premiere Epitre aux
Crétiens de l'Eglise de Corinthe les reprend au cha
pitre sixiesme, qu'ils se plaident les vns les autres
deuant Iuges infidelles ; & dit que c'est mal fait à
eux, qui plûtôt deuroient souffrir qu'on leur fit
tort : En cela donc il a égard à la Loy qu'on se rende commode à autruy. Mais si l'on est en different
pour choses nécessaires à la vie qu'aura-t-on à faire?
L'Apostre ajoute donc au verssec cinquiéme ; *Ie le*
dis à vostre honte : n'auez vous point vn homme de bien
à vuider vos differents? Ce qui confirme la Loy de
Nature que i'ay comptée la quinziéme ; *Que ne*
pouuant éuiter contestation on prene vn tiers pour ar-
bitre. Puis de ce que c'est vn tiers on void aussi la
Loy seiziéme obseruée ; *Que nul ne soit juge en sa pro-*
pre cause.

XVII. Aussi nous auons dans l'Exode au chapi-
pitre vingt-troisiéme au versset huictiéme ; *Que le*
Iuge ou Arbitre ne prene point de recompense pour son

H iij

iugement. *Tu ne prendras point de préſens , ils donnent
dans la veuë aux plus ſages ; ils changent les paroles dans
la bouche à l'homme de bien.* & dans l'Eccleſiaſtique
au chapitre vingtiéme au verſſet trente vniéme ; *Les
étrenes & autres preſents donnent dans la veuë aux Iuges.* D'où il ſuit que le Iuge n'eſt plus ny moins tenu à l'vne des parties qu'à l'autre. Ce qui eſt la Loy
dix-neuuiéme de Nature ; que confirme auſſi le chapitre premier du Deuteronôme au verſſet dix ſeptiéme en ces termes. *Vous n'aurez point egard aux perſonnes ; vous écouterez le petit comme le grand :* Et tous
les autres paſſages que i'ay allegués contre l'acception des perſonnes.

Adminiſtrer
témoins.

XVIII. Et *Qu'en tout iugement de fait on doiue ad
miniſtrer témoins :* Ce qui étoit la dix-huictiéme Loy
non-ſeulement l'Ecriture Saincte le confirme : mais
elle ordonne qu'ils ſoient deux ou pluſieurs. Ainſi
au Deuteronôme au chapitre dix ſeptiéme au verſſet
ſixiéme il eſt dit que celuy qu'on deura mettre à mort
le ſera ſur la dépoſition *de deux ou de trois témoins.*
Ce qu'on trouue auſſi de meſme au chapitre dix-
neuuiéme au verſſet quinziéme du meſme Deute-
rônome.

Ne ſe char-
ger pas de
Crapule.

XIX. Et pour la raiſon que i'ay dite à compter
l'yurognerie pour vne infraction de la Loy de Nature, qu'elle trouble la raiſon : On la void auſſi de-
fanduë dans l'Ecriture Saincte. Car au chapitre
vintiéme des Prouerbes au verſſet premier il eſt
dit, *Que le vin excite à luxure ; que l'yurognerie eſt tu-
multueuſe ; que celuy qui s'y adonne n'eſt pas ſage.* Et

aux verſſets quatriéme & cinquiéme du chapitre
trente-vniéme, *Garde tcy de donner du vin aux Rois,
qu'ils n'oublient pas de bien juger ; & ne gâtent pas les
affaires des pauures gens.* Et pour montrer que la
maliçe de ce peché ne conſiſte pas dans la quantité
du vin, mais en ce qu'il affoiblit le jugement : Il y
a au verſſet d'aprés : *Donnez de la biére aux gens af-
fligez ; verſſez du vin à qui trouue ſa vie amere ; faites
les boire qu'ils oublient leur miſere à ne s'en ſouuenir
jamais.* Et c'eſt par la meſme raiſon que rôtre Seigneur Ieſus-Chriſt deffand l'yurognerie en S. Luc
au chapitre vingt-vnieme au verſſet trente-quatriéme, *Ne vous chargez pas de crapules ; ne prenez pas
trop de vin.*

x x. I'ay dit au chapitre troiſiéme, *La loy de Nature éternelle :* Ie le trouue dans S. Mathieu au chapitre
cinquiéme au verſſet dix huitiéme, *Ie vous aſſure en
verité, que iuſqu'à ce que le Ciel & la terre paſſent, il
ne ſera pas changé vne ſeule lettre à la Loy, non pas
meſmes le moindre accent.* Et au Pſalme cent dix-huitiéme au verſſet cent ſoixantiéme , *Tous vos iugemens , Seigneur , ſont pour toute l'éternité.*

*La loy de
Nature eſt
éternelle.*

x x i. I'ay dit auſſi, *Que les loix de Nature regardent la conſcience :* d'où i'ay conclu ces deux choſes ;
La premiere, Que c'eſt être juſte que de faire ſon
poſſible pour les accomplir : La ſeconde, Que pour
bien qu'on ſoit ponctuël en toutes ſes actions, &
que quant à l'extérieur on les faſſe telles que la Loy
ordonne, ſi ce n'eſt pour l'amour de la Loy, mais
par quelque autre motif, côme de crainte de la peine,

*Et oblige en
conſcience.*

CHAPITRE
IV.

ou mesmes pour le bruit du monde on n'est pas homme de bien. Or ie confirme ces deux choses : La premiere par Isaïe au versset sétiéme du chapitre cinquante-cinquiéme, *Que l'impie sorte du chemin qu'il tient ; Que l'homme injuste change de dessein, & retourne au Seigneur : il lui fera misericorde.* Et par Ezéchiel au chapitre dix-huitiéme au versset trente-vniéme, *Loin de vous toute préuarication, faites vous vn cœur nouueau ; & pourquoy mourriés-vous maison d'Israel?* Textes qui donnent à entandre que Dieu ne châtira pas ceux qui seront droits de cœur, & de bonne intention. Et quant à l'autre proposition ie la confirme de mesme par Isaïe au versset treziéme du chapitre vingt-neuuiéme, *Quand ce peuple fait le déuot & que ce n'est que de bouche, & seulement du bout des léures, voicy ce que ie feray :* & le reste. Et par S. Mathieu au chapitre cinquiéme au versset vingtiéme, *Ie vous essure que si vous n'êtes plus iustes que les Scribes & les Pharisiens vous ne serez point receus au Royaume des Cieux.* Aprés quoy *Nôtre Seigneur Iesus-Christ* explique, Qu'on viole les Commandemens de Dieu, non seulement par les œuures, mais aussi par la volonté. Car les Scribes & les Pharisiens obseruoient la Loy tres-exactement, pource qui est de l'extérieur : mais seulement pour le bruit du monde, tout préts d'ailleurs à aller contre. On trouue aussi en autres endroits, *Que Dieu prend la volonté pour l'effet, tant pour le bien que pour le mal.*

XXII. Ce que i'ay dit *la loy de Nature aisée à garder* ; *Nôtre Seigneur Iesus-Christ* le déclare en saint
Mathieu

Et est aisée à garder.

Mathieu au chapitre onziéme, *Gens en peine venés à moy ; chargez mon joug sur vos épaules ; aprenés de moy que ie suis paisible, & humble de cœur, & vous trouuerrés le repos de conscience : car mon joug est agréable, & fort aisé à porter.*

XXIII. Enfin i'ay donné cette regle par où conoître si ce qu'on va faire est ou non contre la loy de Nature : *De ne pas faire à autruy ce que nous ne voudrions pas qu'il nous fît : Et Nôtre Seigneur Iesus Christ* a donné cette mesme regle au chapitre sixiesme au verset douziéme de S. Mathieu, en ces termes, presque les mesmes, *Faites à autruy toutes choses que vous voudrés qu'il vous fasse.*

XXIV. Comme *toute loy de Nature est loy Diuine,* aussi en reuanche la Loy de *Iesus-Christ Nôtre Seigneur* expliquée toute entiére aux chapitres, cinquiéme, sixiéme & sétiéme de S. Mathieu est toute la mesme que nous enseigne la Nature, à la réserue de ce seul Cómandement, de ne prendre pas pour femme celle que le mary aura quittée pour sa mauuaise conduite : Et Nôtre Seigneur Iesus-Christ aporte ce Commandement en explication de la loy Diuine positiue, contre les Iuifs, qui n'expliquoient pas bien la Loy de Moyse. I'ay dit que toute la Loy de *Nôtre Seigneur Iesus-Christ* est expliquée dans ces chapitres là : mais ie n'ay pas dit toute sa Doctrine. Car la Foy est partie de la Doctrine Chrêtiéne, & neanmoins n'est pas comprise sous le nom de Loy. De vray on fait les Loix pour les actions qui suiuent

I

la volonté, non pour les opinions ou la Foy qui ne
la suit pas, & n'est pas en nôtre pouuoir.

Fin de la premiere Partie.

LES
ELEMENS
DE LA
POLITIQVE.

SECONDE PARTIE.

LE COMMANDEMENT.

CHAPITRE CINQVIESME.

Des Causes & de la Generation de l'Etat.

1. Que ce n'est pas assés des loix de Nature pour garder la Paix. 11. Que dans l'Etat de Nature les loix de Nature sont en silence. 111. *Que les seuretés de viure selon les
loix de Nature se trouuent dans la* concorde *de plusieurs.* 1 v.
*Que ce n'est pas encore assez que de la concorde de plusieurs pour
vne Paix de durée .*v. *D'où vient que la concorde suffit pour la conduite de quelques autres animaux , & ne suffit pas pour celle des
hommes ?* v 1. *Que pour la Paix d'entre les hommes il faut non-
seulement le consentement , mais l'vnion de plusieurs.* v 1 1. *Ce que
c'est que l'vnion ?* v 1 1 1. *Dans l'vnion le droit de tous est transporté*

I ij

CHAPITRE
V.

Que ce n'est
pas assés des
loix de Na-
ture pour
garder la
Paix.

I. 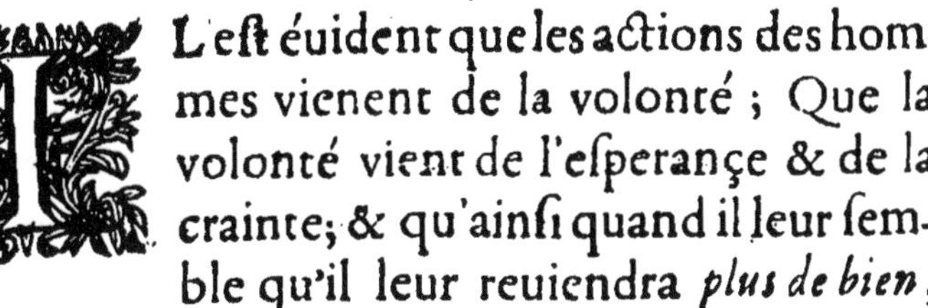 L est éuident que les actions des hom-mes vienent de la volonté ; Que la volonté vient de l'esperançe & de la crainte; & qu'ainsi quand il leur sem-ble qu'il leur reuiendra *plus de bien,* *ou moins de mal,* de ce qu'ils violeront les Loix, ils les violent volontiers. L'esperançe donc de se pou-uoir garantir de mal consiste en cela, qu'on puisse preuenir autruy, soit de viue forçe ou par artifiçe, en luy dressant des embuches. D'où on entand que les loix de Nature, quoy qu'on les conoisse,ne donnent pas pour cela d'abord les seuretés nécessaires pour les obseruer; & qu'ainsi tandis qu'on se void exposé à l'inuasion d'autruy, on a toûjours son droit de se précautioner selon son possible, ainsi qu'on aui-sera, tel qu'on l'auoit auparauant; Ie dis *le droit sur toutes choses, & le droit de guerre :* Et il suffit pour accomplir la loy de Nature, *Qu'on soit prét à faire la paix, dés qu'il se pourra seurement.*

Que dans
l'Etat de Na-
ture les loix
de Nature
sont en silen-
çe.

II. On dit communément, *Que les Loix sont en silence parmy les armes.* Que si l'on n'entend pas cela du dessein qu'on doit auoir, mais des actions qu'on fait, mesmement durant la guerre, de tous les hom-mes contre tous les hommes, cela est vray non seu-lement des Loix Ciuiles, mais mesmes des loix de Nature. *Ie dis dans l'état de Nature, & de guerre yni-*

werſelle: Car à cela prés, dans la guerre de Nation
contre Nation on a toûjours obſerué certaines loix
de Nature. De vray aux Siécles paſſés du plus loin
qu'on ait des Mémoires, c'étoit comme vn métier
que de viure de rapine ; Et comme on étoit alors, il
n'étoit ny contre la loy de Nature, ny ſans gloire à
qui s'y portoit vaillamment, ſans étre cruël. Et cependant quand ils pouuoient tout enleuer : ils laiſ-
ſoient à l'ennemy ſes beufs à labourer la terre : non
qu'ils y fuſſent tenus par aucune loy de Nature :
Mais comme ils ſe picquoient d'honneur, ils ju-
geoient que la cruauté ſeroit vne marque de crainte.

III. Puis donc que pour garder la paix il faut
l'exerciçe de la loy de Nature : & que pour viure
dans l'exerciçe de cette Loy il faut *étre en ſeureté* :
Voyons les moyens qu'il y a de ſe mettre en ſeureté. Le ſeul moyen pour cela, quand perſonne
n'eſt aſſez fort contre tous les autres, eſt qu'il ſe
procure vn tel ſecours, que tous les autres ayment
mieux le laiſſer là ſans luy rien dire que l'attaquer.
Mais en premier lieu il eſt éuident que ſi l'on n'eſt
que deux ou trois qui s'entandent, ie veux dire vn
petit nombre, on n'a pas dequoy ſe fier de n'étre
pas attaqué, quand deux ou trois hommes de plus
du côté de l'ennemy luy font eſperer la victoire, &
luy donnent enuie d'en venir aux mains. Il faut donc
étre tant de gens à ſe deffandre de concert qu'vn
petit nombre de ſurcroit n'aſſeure pas la victoire à
l'ennemy.

IV. Auſſi quelque nombre qu'on ſoit à ſe def-

*Que les ſeu-
retés de viure
ſelon les loix de
Nature ſe
trouuent dans
la concorde
de pluſieurs.*

CHAPITRE
V.
*Que la con-
corde de plu-
sieurs ne suf-
fit pas pour
vne Paix de
durée.*

fandre tous enſemble, ſi l'on n'y conuiét des moyens il n'y aura rien de fait : car on y ſera d'auis contraires, & par conſéquent en deſ-ordre : meſmes quand il arriueroit que par eſpérançe de vaincre, par déſir de ſe vanger, ou par quelque autre motif, on fût d'abord tout d'vn auis ; on ne le ſeroit pas long temps. Car on eſt ſujet à l'enuie & à la haine ; on a ſes fins particuliéres, & tout cela y mettroit vne telle diuiſion, que ſi l'on n'étoit retenu par vn motif commun de crainte, non ſeulement on ne voudroit plus ſe ſécourir les vns les autres, mais on ſe feroit la guerre. Pour donc viure ſeurement dans l'exerciçe des loix de Nature, ce n'eſt pas aſſez que du *commun conſentement*, ie veux dire qu'on agiſſe tous de concert, pour vne meſme fin & vn bien commun : il faut quelque choſe de plus : il faut pouruoir à cela, *Que ceux qui ont été d'accord pour ʋn intereſt commun ne ʋienent pas à ſe broüiller pour ʋn bien particulier* : Ce qui ne ſe peut s'ils n'ont à craindre quelque mal de cette diuiſion.

*D'où vient
que la concorde
ſuffit pour la
conduite de
quelquesautres
animaux, &
ne ſuffit pas
pour celle de
l'homme.*

v. Ariſtote met au nombre des Animaux, qu'il apelle *Politiques*, non ſeulement l'homme, mais la fourmy, l'abeille, & autres, leſquels quoy que ſans raiſon, & ainſi ne pouuans faire de paćtes, & ſe ſoûmettre à ſe laiſſer gouuerner, rapportent neanmoins ſi bien toutes leurs aćtions à vne meſme fin & vn bien commun ; s'accordent ſi bien à vouloir les meſmes choſes, & fuir les meſmes les vns que les autres, qu'étans vne fois enſemble ils ne ſont pas ſujets à ſédition. Cependant pour viure enſemble

& s'accorder de la forte, ce n'eſt pas là *vn Etat &*
vne Poliçe : Cette conduite n'eſt rien qu'*vn com-*
mun conſentement, & pluſieurs volontés vers vn mefme Objet, & non *vne volonté, ſeule, & vnique*,
telle qu'il la faut pour vn Etat. On ne doit donc pas
les nommer *Animaux Poliſiques*. Il eſt vray que ces
animaux, comme ils viuent ſelon les ſens, s'accordent toûjours ſi bien, que c'eſt aſſez de leur apétit
naturel pour y conſeruer la Paix : mais l'homme fait
autrement. Car en premier lieu les hommes ſe picquent d'honneur, les beſtes ne s'en picquent point:
& ainſi les hommes ſont ſujets à la haine, & à l'enuie, d'où naiſſent les ſéditions & la guerre : & elles n'y
ſont pas ſujettes. En ſecond lieu les abeilles, & ſemblables animaux ont leur apétit confoime pour vn
bien commun, qui ne différe point de leur bien
particulier : Et l'homme tout au contraire ne compte guere pour bien que ce qu'il a ſur les autres par
précipût & auantage. En troiſiéme lieu ces animaux
ſans raiſon ne trouuent rien à redire dans l'adminiſtration de leur affaire commune : Et dans vne multitude d'hommes, comme il y en a toûjours en
grand nombre qui ſe croyent plus ſages que les
autres, ils veulent reformer le monde, chacun à ſa
mode, ce qui les broüille, & y met la guerre ciuile.
D'ailleurs les animaux brutes s'ils ont quelque ſorte
de langage pour ſe donner à conoître leurs déſirs &
affections, n'ont pas cet art de paroles qui émeut
les Paſſions, & repreſente le bien pour quelque choſe de meilleur, & le mal pour quelque choſe de pi-

re: Mais la langue de l'homme eſt pour ainſi dire vne Trompette de guerre, & dit-on de *Périclés* qu'il tonnoit, qu'il foudroioit, & mit auec ſes Harangues la Gréce en combuſtion. En cinquiéme lieu ces animaux-là ne mettent point de différençe entre l'*injure* & le *dommage* : pouru
eu donc qu'ils ſoient à leur aiſe, ils ſont bien contants de ce qui ſe paſſe entre eux : Et les hommes au contraire ſont d'autant plus incommodes dans l'Etat, qu'ils ſe trouuent plus de loiſir:car ils ne ſe picquent guére de rang & de préſeançe, qu'aprés auoir combattu contre la faim & le froid. Enfin le conſentement de ces autres animaux vient de la Nature: Celuy des hommes vient des pactes, & eſt artificiel : Et ainſi il n'y a pas à s'étoner s'il faut quelque choſe de plus pour les faire viure en paix. Ce n'eſt donc pas aſſez que du *commun confentement* & qu'on ait fait ſocieté pour auoir les ſeuretés néceſſaires à l'exerciçe de la iuſtiçe Naturelle: Il faut *vne puiſſançe commune à contenir les particuliers par la crainte de quelque peine.*

Que pour la paix d'entre les hommes il faut non-ſeulement le conſentement, mais l'vnion de pluſieurs.

VI. Quand donc pour conſeruer la paix & ſe défendre long-temps, il ne ſuffit pas qu'on s'accorde & conſpire tous enſemble,il faut que quant à ces choſes on n'ait tous qu'vne volonté. Mais c'eſt ce qui ne ſe peut, s'ils ne demeurent d'accord de ſousmettre chacun la ſiene à celle d'vn tiers, en ſorte que tout ce qu'il voudra & ordonnera quant aux choſes néceſſaires à la paix & à la déffençe publique, tiene pour la volonté de tous eux en general, & de chacun en particulier: Et il faut enfin que ce Tiers
soit

soit vn homme seul, ou vn conseil de quelques hommes, ie veux dire vne Assemblée de gens à déliberer de ce qu'on doit faire ou obmettre pour le
bien commun de tous.

VII. On se soûmet de la sorte à vn homme
seul ou conseil, quand chaque particulier s'oblige
par pacte à chaque autre, *Qu'il ne s'opposera point
à la volonté de cet homme, ou de ce Conseil :* ie veux
dire, *Qu'il ne refusera point de le seruir de tout son
pouuoir contre tout autre que soy.* Car pour ce qui
est de soy, il est toûjours censé qu'on se reserue le
droit de se déffandre soy-mesme contre toute vio-
lance. Et telle soûmission est ce qu'on apelle *vnion:*
ou quand c'est sous vn Conseil de quelques hommes on entand que sa volonté soit celle de la plus-
part.

VIII. Et quoy que la volonté ne soit pas vne
chose volontaire, mais seulement le principe des
actions volontaires : (car on ne veut pas vouloir,
mais faire : & qu'ainsi la volonté ne tombe point
en déliberation, ny sous aucun pacte : Toutefois
qui soûmet la siene à celle d'vn autre, transporte
à cet autre son droit de force, & de toutes ses
facultés, & ainsi quand tous les autres en auront
fait autant, celuy à qui ils se feront sous-mis se
trouuerra tant de forçes, que par la terreur qu'elles donneront il pourra contenir conformes en vnité & concorde toutes les autres volontés de ceux
qui se feront soûmis.

IX. L'vnion ainsi faire, est-ce qu'on nomme

Chapitre V.

Ce que c'est que l'vnion.

Dans l'vnion le droit de Tous est transporté en vn-seul.

Ce que c'est que l'Etat.

K

CHAPITRE
V.
* Ciuitas.

l'*Etat* : le Latin le dit en vn mot * qu'on a traduit *la Cité*, & *Société Ciuile*, & *aussi Personne Ciuile*. Car puis que par l'vnion on n'a tous qu'vne volonté, on la prend pour vne personne. Il faut donc la distinguer d'auec le particulier ; il faut luy donner vn nom propre, & qu'elle ait à soy en propre diuers droits & actions. Ainsi l'*Etat* n'est pas vn des simples particuliers qu'il y auoit auparauant, ny mesmes tous eux ensemble, si l'on excepte celuy dont on prend la volonté pour la volonté de Tous. L'*Etat* donc (qu'on le définisse) est *cette personne vnique, de qui l'on a conuenu qu'on prendroit la volonté pour la volonté de Tous, & qu'elle pourroit se seruir de la force & des moyens de chaque particulier, & de tous ensemble pour les faire viure en paix, & pour leur deffançe commune.*

Ce que c'est qu'vne Personne Ciuile.

x. Or encore que tout Etat soit vne persone ciuile, toute persone ciuile n'est pas pourtát vn Etat. Diuers particuliers sous le bon plaisir de l'Etat, peuuent s'assambler en vne seule personne, pour faire certaines choses, & par ce moyen ils sont vne personne ciuile. Ainsi les Compagnies de Marchands & autres Societés & Communautez sont des personnes ciuiles, & cependant ce ne sont pas des Etats. Dont la raison est qu'on ne s'y est pas soûmis purement & simplement à la volonté du Corps : mais seulement pour certaines choses que l'Etat a déterminées ; & que mesmes il y est loisible à tout Associé de plaider deuant d'autres Iuges son Corps de Société, ce qui n'est pas loisible au sujet contre l'Etat. Telles

Societés donc sont des personnes ciuiles sub-ordonnées à l'Etat.

XI. Cet homme ou ce conseil d'hommes, à la volonté duquel chacun a soûmis la sienne, s'apelle *le Souuerain.: C'est à luy l'authorité & la puissançe Suueraine, la pleine & entière puissançe, le droit de Seigneur & Maistre, & le Domaine absolu.* Or la puissance Souueraine, & *le droit de Commandement* consiste en cela, que chaque particulier luy transporte tout ce qu'il peut, & tout ce qu'il a de forçes. Et qu'on fasse vn transport, quand de vray par moyens humains on ne fait point passer ses forçes, de son corps en celuy d'vn autre, c'est seulement qu'on se départ de son droit de résister. Or on apelle *Sujet* tout homme particulier, & toute personne ciuile autre que celle de l'Etat, qui s'est ainsi départy de son droit de luy résister.

XII. On void bien sur ce que i'ay dit, comment & par quelles voyes plusieurs personnes naturelles par leur crainte mutuëlle, & voulans pouruoir à leur conseruatioin, se sont assemblés en vne personne ciuile, que i'ay apellée l'Etat. Au reste qui s'asujettit par crainte, s'asujettit ou à celuy-mesme qu'il craint, ou à quelque autre dont il attend protection. Quand c'est à celuy qu'on craint, c'est qu'on a été vaincu, & qu'on veut sa vie sauue: Quand c'est à vn autre, c'est qu'on a peur d'estre vaincu, & qu'on veut ne l'estre pas. La Premiére façon a cómançé par la puissançe naturelle, on peut l'apeller l'Origine naturelle de l'Etat: La seconde est venuë du dessein

K ij

de ceux qui ſe ſont vnis, & eſt par inſtitution. De
là vient qu'il y a deux eſpeçes d'Etat, l'vn Naturel,
(Paternel, ou Deſpotique, ie veux dire de pere ou
de Maiſtre) l'autre par inſtitution, qu'on peut nommer Politique. Au premier le Maiſtre & Seigneur
ſe fait des ſujets à ſon gré: Au ſecond les Sujets de
leur bon gré, s'impoſent eux-meſmes vn Maiſtre.
Et ce Maiſtre eſt vn homme ſeul, ou vne Aſſamblée
d'hommes, auec puiſſançe Souueraine. Ie parleray
premierement de l'Etat par Inſtitution, & puis de
l'Etat naturel..

LES
ELEMENS
DE LA
POLITIQVE.

CHAPITRE SIXIESME.

Du Droit du Conseil ou du Monarque Souuerain.

1. *Vne multitude d'hommes auant l'Etat étably ne peut auoir à soy en propre aucun droit ny action, sinon que tous en soient d'accord.* 11. *L'Etat commençe & s'établit par le droit du plus grand nombre qui en demeure d'accord.* 111. *Vn chacun retient son droit de se diffendre soy-mesme, ainsi qu'il auisera, tant qu'il n'a pas ses seuretés de se départir de ce droit.* 1V. *Qu'il faut pour telles seuretez vne puissance à contraindre.* v. *Ce que c'est que* le droit de l'épée, ou du glaiue de Iustice. vi. Que le glaiue de Iustice est au Souuerain de l'Etat. vii. Que le glaiue de Guerre est aussi à luy. viii. Que seul il iuge de tout. 1x. Que c'est luy qui fait les Loix. x. Qu'il crée seul les Magistrats, & les Ministres d'Etat. xi. Que seul il a droit de conoître des dogmes qu'on y enseigne. xii.

Qu'il peut tout faire impuné nent. XIII. Que les ſujets luy ont donné l'authorité abſoluë, & la puiſſance ſouueraine. XIV. Et luy doiue obeïſſance pure & ſimple. XV. Qu'il n'eſt point obligé aux Loix Ciuiles. XVI. Que nul ne peut rien auoir à ſoy en propre contre luy. XVII. *Qu'on aprend des Loix Ciuiles ce que c'eſt que le larcin, l'homicide, l'adultére, & les injures.* XVIII. *De ceux qui voudroient vn Etat ſans qu'il y eût de Souuerain.* XIX. *Les marques de la puiſſance Souueraine.* XX. *A comparer l'Etat à l'homme, le Souuerain eſt à l'Etat ce que l'Ame eſt à l'homme.* XXI. *Que de ce qu'on a établly par pactes la puiſſance Souueraine on n'a plus droit de la reuoquer.*

I.

Vne multitude d'hommes auant l'Eſtat établly, ne peut auoir à ſoy en propre aucun droit ny actions, ſinon que tous en ſoient d'accord.

** Voyés les Remarques.*

IL faut voir en premier lieu qu'eſt ce qu'*vne* * *multitude* de gens qui de leur bon gré s'aſſemblent pour faire vn Etat : Et c'eſt à ſçauoir qu'ils ne ſont pas encore quelque choſe *d'vn* mais *pluſieurs*, ayans chacun ſa volonté & ſon ſentiment particulier ſur tout ce qu'on propoſera. Et quoy qu'on y puiſſe auoir diuers droits particuliers acquis par pactes précedens, au moyen de quoy l'vn dira que telle choſe, l'autre que telle autre eſt à luy : Il n'y a pourtant rien encore de quoy toute la multitude comme vne perſonne diſtincte de chaque particulier puiſſe dire *cela eſt mien plutôt que d'autruy.* Ny on ne peut attribuër d'action à la multitude, comme étant à elle en propre : Mais ſi tous ou pluſieurs en ſont demeurés d'accord, ce ſont autant d'actions que de gens à s'en accorder. Et quand on vient à parler de quelque ſedition arriuée en vn Etat, & qu'on dit que le peuple y a pris les armes;

on ne doit entandre cela que des gens qui de vray
les y ont prifes, ou en ont été d'auis : Car des-là
que l'Etat eft, il n'eft plus qu'vne perfonne, & ne
peut s'armer contre foy. Or à ce compte, Quoy-que
faffe vne multitude de gens, nul ne le fait que les
gens qui de vray y contribuënt ; & qu'on fe foit trouué parmy fans y auoir contribüé, on n'eft pas cenfé l'auoir fait. D'ailleurs en toute multitude auant
qu'elle fe foit vnie en vne feule perfonne, ainfi que
i'ay expliqué, on eft toûjours dans cet Etat de Nature où toutes chofes font à tous. On n'a donc rien
à foy en propre, il n'y a point de ce *Mien* & de ce
Tien qu'on nomme *Domaine & Proprieté*. Le tout
faute des feuretés que i'ay fait voir néceffaires à viure dans l'exerciçe des Loix de Nature.

I I. Confiderons en fecond lieu que pour établir
vn Etat il faut comançer par là : Qu'vn chacun de
ceux qui s'affemblent y foit d'accord auec tout autre, *Que quoy qu'on vienne à propofer, qui que ce foit
qui le propofe, on prendra pour la volonté de tous, ce
qu'ils voudront pour la pluf-part.* A moins que cela
vne multitude d'hommes fi differens en défirs & fen-
timents, n'auroit iamais de volonté ; & ainfi ne
pourroit prendre aucune réfolution. Que fi quelqu'vn s'y oppofe, ou s'abftiene d'y confentir, les
autres ne laifferont pas de faire vn Etat fans luy : Et
ainfi l'Etat retiendra fon premier droit contre luy, ie
veux dire fon droit de guerre, comme contre fon
ennemy.

I I I. Et d'autant que dans l'article fixiéme du cha-

*L'Etat co-
mançe & s'éta-
blit par le droit
du plus grand
nombre qui en
demeure d'ac-
cord.*

pitre précedent i'ay démontré que pour auoir les seuretés dont il s'agit, ce n'étoit pas assez qu'on fût
d'accord & qu'on agît de concert; qu'il falloit se
rendre sujet, & soûmettre ses volontés quant aux
choses nécessaires à la paix & à la deffençe; & que
dans cette vnion & subjetion consistoit la Nature
de l'Etat : Il faut voir içy quelles choses sont nécessaires à la paix & à la deffançe du public, de tout ce
qu'on peut proposer, discuter, & établir dans vne
Assemblée de gens, où toutes les volontés soient
contenuës dans celle de la plus-part. Et en premier
lieu, pour viure en paix au dedans, il faut nécessairement que chaque particulier y soit en seureté des
autres : ie veux dire qu'au besoin il soit protegé contre eux : au moyen dequoy il ait raison de se fier que
ne faisant tort à personne, personne ne luy en fera.
Il est vray qu'il n'est pas possible de donner de seuretés qu'on ne soit ny tué, ny offençé injustement :
Et cela par conséquent ne tombe point en delibe-
ration : mais il y a moyen de pouruoir qu'on n'ait
pas sujet de le craindre : Car la seureté est la fin pour
laquelle on s'asujettit; qui ne l'a pas est censé ne
s'estre point rendu sujet, & n'auoir point perdu son
droit de se deffandre luy-mesme, comme bon luy
semblera : Et il n'est pas à croire aussi qu'on se de-
parte de son droit sur toutes choses, qu'on n'y ait ses
seuretez.

IV. Aussi pour telles seuretés quand on va faire
vn Etat, ce n'est pas assés qu'vn chacun s'oblige par
pacte aux autres, soit de parole ou par écrit, *De ne*

tuer

tuër point, ne dérober point, & garder semblables loix:
Car on void par expériençe , qu'ôté la crainte de
la peine, la confciençe des promeffes ne contient
guére en déuoir. Il ne faut donc pas pouruoir à cette feureté *par pactes , mais par peines :* Et c'eft affés
y pouruoir, que d'établir de telles peines à toute injure, que ce foit vifiblement vn plus grand mal de
la faire, que de ne la faire pas : Car l'homme choifit
néceffairement ce qu'il y a aparençe qui luy foit
vn plus grand bien.

v. On donne ce droit de punir quand vn chacun
s'oblige par pacte à ne fécourir point celuy qui
deura étre puny : Et l on peut apeller ce droit, *Le*
droit du Glaiue de Iuftiçe. Et quant à ce pacte, nul
n'y manque guere, fi ce n'eft luy qu'on aille punir ou
quelqu'vn de fes parents.

v i. Quand donc pour les feuretés de chaque particulier, & pour les faire viure en paix , il faut neceffairement qu'ils tranfportent à *Quelqu'vn* ce
droit de punir, & que fi ce n'eft à vn homme feul
& vnique , ce foit à vne Affamblée ou Confeil de
quelques hommes : il eft éuident que cet homme
ou cette Affamblée d'hommes reçoit auec ce droit
l'*Authorité Souueraine :* Car qui punit auec droit
qui bon luy femble , le contraint auec droit à tout
ce qu'il veut : Et c'eft là l'authorité la plus grande
qu'on fe puiffe imaginer.

v i i. Or en vain viuroit-on en paix les vns auecque les autres fi l'on ne pouuoit fe deffandre de
l'Etranger ; & on ne peut s'en deffandre , fi l'on

n'a ſes forçes vnies. Il faut donc neceſſairement
que pour ſe conſeruer chacun en particulier & tous
en general, il y ait *vn Conſeil de quelques hommes*, ou
vn homme ſeul & vnique ayant droit d'armer, aſſembler, vnir au beſoin pour la deffançe du public tout ce qu'il faudra de ſujets, ſelon le nombre
& les forçes des ennemis, & auſſi de faire quand il
faudra la paix auec l'ennemy. On doit donc entandre que chaque ſujet a tranſporté en vn ſeul homme, ou en vn ſeul Conſeil d'hommes, tout ce droit
de paix & de guerre. Meſmes il faut que ce droit
(qu'on peut nommer aſſés bien *le glaiue de guerre*)
ſoit au meſme homme ou conſeil d'hommes qui a
celuy *de Iuſtiçe*. Car on ne peut auec droit contraindre le ſujet à prendre les armes, & fournir aux frais
de la guerre, ſi l'on ne peut auec droit punir qui
dés-obeïra. *Ainſi par l'établiſſement meſme de l'Etat,
le droit de l'épée, tant de guerre que de Iuſtiçe, tient eſ-
ſantiellement à la Puiſſance Souueraine.*

VIII. Et quand *le droit de l'épée* n'eſt rien autre
choſe que de pouuoir auec droit ſe ſeruir de l'épée
comme on jugera : il ſuit que le droit de juger du
droit-vſage de l'épée, eſt & apartient à celuy qui a
le droit de l'épée. Car qu'il y eût dans l'Etat deux
hommes ou Conſeils-d'Etat, l'vn ayant le droit de
juger, l'autre celuy d'executer, il n'y auroit rien de fair.
Car en vain jugeroit celuy qui ne pourroit pas faire
exécuter ſes jugemens : & qui feroit exécuter ce
qu'vn autre auroit jugé en vertu du droit de cet autre, n'auroit pas le droit de l'épée, mais ſeroit ſeule-

ment le Miniſtre & Officier de l'autre. Ainſi *Tout droit de juger eſt & apartient à celuy qui a le droit de l'épée, ie veux dire au Souuerain.*

IX. Et quand il vaut mieux pour la paix de pré-uenir que d'aſſoupir les querelles; & que les querel-les & demelez vienent de ce que les hommes ſont de differens aduis touchant *le Mien, & le Tien; le iuſte & l'injuſte; l'vtile, & l'inutile; le bien, & le mal; l'honéte, & le des-honéte,* & choſes ſemblables: Il eſt de la Puiſſance Souueraine de preſcrire des regles ou meſures à ſeruir à tous en general, & à chacun en particulier, & les déclarer publiquement, Au moyen dequoy chacun ſçache ce qu'il a droit de nommer ſien, ou d'autruy; iuſte, ou iniuſte; ho-néte, ou des-honéte; bon, ou mauuais; En vn mot, ce qu'on doit faire, ou fuir dans le cours de la vie Ciuile. Or on apelle ces regles-là & meſures *Loix Ciuiles, ou loix de l'Etat,* comme eſtant les *Comman-demens du Souuerain* de l'Etat *Les Loix Ciuiles* donc (que nous les définiſſions) ne ſont autre choſe, *Que les Commandemens du Souuerain, quant aux actions à faire par ſes ſujets.*

X. Auſſi comme il n'eſt pas poſſible qu'vn hom-me ſeul ou conſeil d'hommes adminiſtre ſeul, ſans Miniſtres ou Officiers & Magiſtrats ſub-ordonnez toutes les affaires d'Etat, tant pour la paix que pour la guerre, & qu'il importe à la paix & à la deffençe du public, que ceux qui doiuent iuger les ſuiets, penetrer dans le ſecret des voiſins, faire la guerre, & en vn mot, pouruoir en toutes choſes au bien pu-

CHAPITRE
VI.

Que c'eſt
luy qui fait
les Loix.

Qu'il crée
ſeul les Ma-
giſtrats & les
Miniſtres
d'Etat.

blic, s'acquittent bien de leurs charges : La raiſon veut qu'ils dépandent du Souuerain de l'Etat, & qu'il ait *droit de les élire.*

X I. Il eſt auſſi éuident que toute action volontaire vient de la volonté, & en dépend néceſſairement ; & que la volonté de faire ou ne faire pas vient de l'opinion qu'on a du bien & du mal, & de la recópenſe ou de la peine à venir de l'action ou obmiſſion : & que c'eſt là la raiſon qu'on regle ſes actions ſur ſes propres opinions. Il eſt donc tres-éuident, qu'il importe ſur toutes choſes au bien & au repos de l'Etat, Qu'on n'y propoſe point d'opinions ou dogmes à faire accroire aux Sujets qu'il leur ſoit iamais loiſible de n'obeïr point aux Loix Ciuiles ; ie veux dire de des-obeïr au Souuerain, quand c'eſt luy ſeul qui fait les Loix ; ou qu'ils ayent droit de luy réſiſter ; ou qu'en luy obeïſſant ils encourront de plus grandes peines, que s'ils luy des-obeïſſent. Car poſé qu'il y eût deux hommes ou Conſeils d'Etat Souuerains ayans droit de commander, l'vn de faire ſur peine de mort, & l'autre de ne pas faire ſur peine de damnation : non ſeulement les ſujets y pourroient être juſtement punis ſans être coupable : mais ce ſeroit l'Etat détruit. Car on ne peut ſeruir à deux Maiſtres ; & qu'on croye deuoir obeïr à quelqu'vn ſur peine de mort éternelle, il n'eſt pas moins Maiſtre, mais au contraire beaucoup plus, que celuy à qui l'on n'obeït que ſimplement crainte de mort. On void donc que *le Souuerain a auſſi droit de juger.* * *quelles opinions & dogmes ſont contre le repos* *public ; & deffandre qu'on les enseigne.*

XII. Enfin de ce qu'on n'est sujet que pour auoir assujetty sa volonté à celle du Souuerain, à n'auoir plus de droit d'vser de ses forçes contre luy: On void que *le Souuerain peut tout faire impuné-ment* : Et comme on ne sçauroit chatîer par forçe quand on n'a pas seulement la forçe de résister; on ne punit point auec droit celuy qui a tant de droit qu'on n'en a plus contre luy.

XIII. On void par les choses que i'ay dites, Qu'en tout Etat parfait, ie veux dire où le Sujet n'a plus droit de se seruir à son gré de ses forces & facultés naturelles pour le deffandre luy-mesme, & que le droit de l'épée est deffandu & interdit au simple particulier, il y a nécessairement *Quel-qu'vn* ayant tant d'authorité, qu'on ne sçauroit auec droit la conferer plus grande, ny en auoir d'auan-tage sur soy mesme: Et cette authorité la plus gran-de à transporter en autruy s'apelle pour cela mesmes *l'Authorité absoluë :* * Car en soûmettant sa volonté à celle de l'Etat, Qu'il puisse tout impunément, Qu'il ait droit de faire les Loix, de iuger tous dif-ferens, de faire châtier qui il voudra, en vn mot, de se seruir à son gré & *bon plaisir* de la forçe & des moyens de tous les Sujets: on luy a donné l'Au-thorité la plus grande qu'il se puisse. On peut con-firmer cela par l'expériençe de tous les Etats qui sont ou qui ont iamais été. Et quand on viendroit à douter à quel Homme ou Conseil d'hommes apartiendroit l'authorité Souueraine, elle ne laif-

CHAPITRE
VI.
*Qu'il peut
tout faire im-
punémenr.*

*Que les Su-
jets luy ont
donné l'au-
thorité abso-
luë, & la puis-
sance Sou-
ueraine.*

*Voyés les
Remarques.*

seroit pas d'y eſtre, & on l'y exerçe toûjours, hors en temps de ſédition & Guerre Ciuile, que pour vne ſeule puiſſançe il y en a deux dans l'Etat. Car quant aux ſéditieux qui viennent diſcourir contre, ce n'eſt pas tant pour l'abolir que pour la tranſporter à d'autres : Puis qu'ôté cette puiſſançe il n'y a plus d'Etat, & la confuſion de toutes choſes retourne.

Et luy doiuent obeïſſançe pure & ſimple.

XIV. Maintenant quand le Souuerain a ce droit ſi abſolu, l'obeïſſançe des Sujets doit eſtre auſſi grande qu'il la faut néceſſairement pour le gouuernement de l'Etat, ie veux dire ſi grande que ce droit n'ait pas été tranſporté en vain. Et quoy que pour certaines cauſes on ait droit quelquefois de réfuſer de la rendre : toutefois comme il ne ſçauroit y en auoir de plus grande, on l'apelle pour cela meſmes *Obeïſſançe pure & ſimple* : Et quant à l'obligation qu'on a de la rendre, elle ne vient pas immédiatément du pacte, par lequel on a tranſporté ſon droit à l'Etat ; elle en vient médiatement, parce qu'à moins que cela le droit de commander Souuerainement ſeroit en vain, c'eſt à dire ne ſeroit point, ny par conſequent l'Etat. En effet c'eſt autre choſe que ie die, *Ie vous donne le droit de commander toutes choſes* : autre choſe ſi ie dis, *Ie feray ſans exception, quoy que vous me commandiés.* Car on pourroit me commander telle choſe que i'aymerois mieux mourir. Puis donc que nul n'eſt tenu à vouloir eſtre tué : beaucoup moins le ſera-t-il à ce qu'il tient pire que la mort. Si donc on me vient commander que ie me tuë moy-meſme ie n'y ſuis point tenu : car que ie

refuſe cela, mon refus ne rend pas en vain le droit
de commander Souuerainement ; puis que d'autres
le feront dés qu'on le leur commandera ; & que ce
refus n'eſt point de choſe que i'aye promiſe. De meſme ſi le Souuerain me commande que ie le tuë ie
n'y ſuis point tenu ; & il ne peut eſtre cenſé qu'on
luy ait promis cela. Et de meſme il n'eſt pas à croyre
qu'on ait promis de tuër ſon propre pére, ſoit innocent ou coupable, & fût-il condamné par Iuſtiçe, quand il y a aſſez de gens pour cela, & qu'vn
fils aymeroit mieux mourir que de viure infame
aprés auoir tüé ſon pére. Ainſi en diuers autres cas
telle choſe commandée eſt honéte à faire à tel
homme, qui ne l'eſt pas à tel autre : Le premier donc
peut obeïr auec droit, où le ſecond refuſe auec droit
d'obeïr : & tout cela ſans préjudiçe du pouuoir abſolu déféré au Souuerain, puis que iamais on ne luy
ôte ſon droit de faire tuër qui refuſe d'obeïr : Au
reſte qu'vn Souuerain fîſt ainſi mourir ſon Sujet,
quoy qu'ayant droit de le faire : comme ce ſeroit en
vſer contre la droite raiſon, il pecheroit contre la
loy de Nature, ce qui eſt pecher contre Dieu.

x v. On ne peut ſe rien donner ſoy meſme, puis
qu'on a deſia tout ce qu'on peut ſe donner ; ny on
ne peut s'obliger à ſoy-meſme auſſi. De vray en ce
cas : celuy qui tiendroit obligé ſeroit le meſme que
celuy qui ſeroit tenu : Mais celuy qui tient peut toûjours libérer celuy qu'il tient : En vain donc s'obligeroit on à ſoy-meſme, puis qu'on pourroit ſe liberer quand on voudroit, & que dés-là qu'on le

Qu'il n'eſt
point tenu
aux Loix Ci-
uiles.

peut on eſt actuëllemét libre: Or cela fait voir que l'E-
tat n'eſt point tenu aux Loix Ciuiles: car les Loix Ciuiles ſont les Loix de l'Etat: & qu'il y fût obligé, ce
ſeroit l'eſtre à ſoy-meſme: ny il ne peut eſtre obligé à ſon Sujet: car on peut libérer à ſa volonté celuy qu'on tient obligé: Le Sujet donc pourroit à ſa
volonté liberer l'Etat, mais il le veut quand l'Etat
le veut (puis que la volonté de l'Etat comprend celle de tous les Sujets, & qu'ils veulent tous par luy:)
l'Etat eſt donc liberé quand il luy plait; & ainſi il
eſt actuëllement libre. Maintenant la volonté de
cet Homme ſeul & vnique, ou de ce Conſeil & Aſſamblée d'hommes à qui l'on a conferé l'authorité
Souueraine, eſt la volonté de l'Etat: elle contient
donc toutes les volontez des Sujets: & par conſéquent *le Souuerain de l'Etat n'eſt obligé ny aux Loix Ciuiles, (ce qui ſeroit l'eſtre à ſoy-meſme,) ny a pas vn
de ſes Sujets.*

Que nul ne
peut rien
auoir à ſoy
en propre
contre luy.

XVI. Et d'autant que comme i'ay expliqué auant
l'Etat étably toutes choſes ſont à tous les hommes;
Qu'on ne ſçauroit dire de la moindre choſe *cela eſt
mien,* que tout autre n'en die autant; & que quand
tout eſt en commun, perſonne n'a rien en propre:

* Voyés les
Remarques.

On void que * *la proprieté & droit de Domaine a com-
mançé auec l'Etat;* Et qu'on y a à ſoy en propre ce
qu'on a droit de retenir par les Loix & par la puiſſançe de l'Etat, ie veux dire *de par celuy* à qui l'on
a déferé la puiſſançe Souueraine. Or il ſuit de là
que ſi le Sujet a quelque choſe à ſoy en propre, c'eſt
que les autres Sujets n'y ont pas le meſme droit,

qui

qui font tenus aux mefmes Loix : Mais il ne l'a
pas tellement à foy en propre que le Souuerain n'y
ait droit : quand tout ce qu'il commande eft Loy;
que fa volonté contient celle de tous fes Sujets;
& que feul il iuge de tout. Et combien que l'Etat
permette force chofes à fes Sujets, à tel point que
bien . fouuent on peut mefmes le plaider : ce ne
font pas là neanmoins *actions ciuiles*, mais fulement
de l'equité naturelle : & il ne s'y agit pas de ce que le
Souuerain * *peut de droit* ; mais de ce qu'il *a voulu* ;
& ainfi il en eft Iuge , comme fi conoiffant bien
l'équité de telles caufes , il ne pouuoit en mal iuger.

* *Voyés les Remarques.*

    X V I I. La Loy de Nature défand *le larçin* , *l'ho-*
micide , *l'adultére* , *& toutes injures*: Mais c'eft à la Loy
Ciuile à déterminer quelles actions du Suiet on ap.
pellera de la forte. Car le larçin n'eft pas de prendre
à autruy ce qu'il poffede : mais de prendre le bien
d'autruy : & de fçauoir ce qui eft nôtre ou d'autruy,
c'eft vne queftion de Loy Ciuile. De mefme ce n'eft
pas toufiours vn homicide que de tuër vn homme,
mais feulement aux cas que la Loy Ciuile deffend;
& ainfi de l'adultere. Enfin c'eft faire vne injure que
de violer fa promeffe quand ce qu'on a promis eft
loifible : Mais où l'on n'a point droit de pactifer &
promettre, on ne tranfporte point de droit, & il n'en
peut venir d'injure , ainfi que i'ay expliqué au chapitre fecond dans l'article dix-fétiéme, & c'eft la Loy
Ciuile qui détermine quels pactes on fait, & dequoy.
La Republique de Lacedemone permetoit au ieunes.

*Qu'on aprend
des Loix ciui-
les , Que c'eft
que le larçin,
l'homicide,
l'adultére &
l'injure.*

gens de se prendre l'vn l'autre certaines choses, &
les faire sienes, si l'on n'estoit pris sur le fait. C'estoit
donc là vne Loy qu'on peut ôter à autruy & faire
sien ce qu'on acquerroit de la sorte. C'est encore
bien tuër que de tuër en guerre, ou en son corps dé-
fendant. Ainsi tel commerçe qui tiendra pour mariage dans vn Etat, sera tenu adultere dans vn autre. Mesmes les pactes de mariage qui le rendent
bon & valide pour tel particulier, ne le font pas
tel pour tel autre du mesme Etat: Car si l'Etat le
luy deffend (c'est à dire le Souuerain) il luy ôte le
droit d'y faire de pacte valide : ce n'est donc pas vn
mariage : & tout au contraire s'il ne m'est pas defendu de faire vn tel pacte, ie le fais valide, & ainsi
c'est vn mariage. Et qu'on fasse auec serment * ou
Sacrement le mariage defendu, cela ne le valide
point; quand le serment ne valide point le pacte,
ainsi que i'ay expliqué dans l'article vingt deuxiéme du chapitre second. *On conoît donc par la Loy Ciuile,
& c'est à dire par les Ordres du Souuerain : Qu'est-ce
que larcin, homicide, adultére, en vn mot, quelque injure que ce soit.*

XVIII. Beaucoup de gens trouue cette *Authorité Souueraine* & ce *pouuoir absolu* quelque chose
de si dur, que mesmes les noms leur en sont fort
odieux. Cela leur vient d'ignorançe, & qu'ils n'ont
pas consideré quelle est la Nature de l'homme &
quelles les Loix de Nature : mais peut aussi venir
en partie de la faute des Souuerains qui en abusent.
Pour donc éuiter ce grand inconuenient (car c'est

ainſi qu'ils l'apellent) de cette puiſſance ſans bor-
res, ils croyent vn Etat bien étably, ſi ceux qui
deuront en eſtre s'étant aſſamblés, conuienent de
certains articles propoſés, agités, & aprouués dans
l'aſſamblée, auec ordre de les garder ſous peines
établies aux contreuenants : Auſſi pour obſeruer
cela, & pour ſe garantir de l'ennemy étranger, ils
preſcriuent certains reuenus limités à condition que
s'ils ne ſuffiſent pas on s'aſſamblera derechef. Mais
qui ne void que dans l'Etat ainſi étably l'aſſamblée
qui a ordonné ces choſes a eu le *pouuoir abſolu*. Si
donc elle continuë, & que de temps en temps elle
ſe raſſamble à certain iour, & certain lieu, cette
puiſſance continuë auſſi. Que ſi elle ceſſe abſolûment ou l'Etat ceſſe d'abord, & en ce cas on re-
tombe dans l'Etat de Guerre : où ils laiſſent quelque part la puiſſance de punir les Tranſgreſſeurs de
la Loy, de quelque qualité & condition & en quelque
nóbre qu'ils puiſſent eſtre, Ce qui ne ſe peut qu'auec
le pouuoir abſolu. En effet quiconque a de droit tout
ce qu'il luy faut de forces pour contenir en deuoir
& châtier quelque nombre que ce ſoit de ſimples
particuliers, à vne telle puiſſance, que tous ſes ſujets enſemble n'ont pû la luy donner plus grande.

XIX. Il eſt donc éuident qu'en tout Etat il y a *Les marques*
Quelqu'vn ie veux dire vn Homme-ſeul & vnique, *de la puiſſançe*
ou vn Conſeil de quelques hommes, ayant de *Souueraine.*
droit autant de puiſſance ſur chacun de ſes ſuiets
qu'vn chacun en auoit ſur ſoy auant l'Etat étably;

Et qu'il a par ce moyen la puiſſance Souueraine,
Abſoluë, & ſans autres bornes que celles des forces de tout l'Etat. Car ſi ſon pouuoir étoit limité
ce ſeroit par vne puiſſance plus grande, puis que
c'eſt toûjours le plus grand qui renferme & contient le plus petit : Cette puiſſance donc qui con-
traindra la premiére ſera-elle meſme ſans bornes,
ou en aura vne troiſiéme plus grande qui la con-
tiene de meſme : Et enfin on en viendra à quelqu'vne ſans autres bornes que celles des forces de
tous les ſuiets enſamble. On appelle auſſi cette puiſſançe l'*Authorité Souueraine* : & ſi c'eſt à vn Conſeil
ou Aſſamblée de quelques hommes qu'on l'ait donnée, c'eſt luy *le Conſeil Suprême ou le Souuerain Conſeil de la République ou Etat* : & ſi c'eſt à vn Homme
ſeul, on l'apelle *le Roy*, *le Monarque*, *le Souuerain
Seigneur de l'Etat*, ſimplement *le Souuerain*. Enfin les
marques de l'authorité Souueraine & pleine-puiſ-
ſançe, ſont *de faire, & abroger Loix ; de faire la guerre, & la paix ; de conoître & juger de toutes affaires &
differens, ſoit par ſoy ou par ſes Iuges ; de créer & établir tous tels Iuges, Magiſtrats, Conſeillers, Miniſtres
& Officiers* : En vn mot, ſi quelqu'vn a droit à l'ex-
cluſion de tout autre, & de tous autres de faire
quoy que ce ſoit, c'eſt luy ſeul le Souuerain : & qui
montre en le faiſant qu'il a le droit de l'Etat.

     XX. Ceux qui comparent l'Etat à l'homme, &
ſes Suiets aux membres du corps humain, diſent
preſque tous que le Souuerain eſt à tout l'Etat, ce
que la teſte eſt à l'homme. Mais on void ſur ce que

i'ay dit que le Souuerain n'eſt pas à l'Etat comme
la teſte, mais comme l'*ame*. Car on n'a de volonté
ny on ne ſçauroit vouloir ou ne vouloir pas, que par
ſon ame, & c'eſt par le Souuerain ſeul que l'Etat
veut, ou ne veut pas. Il eſt mieux de comparer à la
teſte les Conſeillers ou Miniſtres, ou le Miniſtre
d'Etat s'il eſt vnique, de qui ſeul le Souuerain prend
conſeil aux choſes de conſequence : car c'eſt la teſte
qui conſulte : & l'ame ſeule qui commande.

XXI. S'il eſt vray que la puiſſance Souueraine
s'établiſſe par les pactes que les Suiets font entre
eux ; & que les pactes (comme ils n'ont de force
que par la volonté de ceux qui les font) puiſſent de
leur conſentement ceſſer d'obliger : on pourroit conclure de là, que l'authorité Souueraine pourroit étre
reuoquée du conſentement de tous les Sujets enſamble. Cependant, quand cela ſeroit, ie ne voy
pas qu'il en arriuât d'inconuenient aux Souuerains :
Car on ſuppoſe que tout Sujet s'y ſoit obligé à tout
autre : Pourueu donc qu'il s'en trouue vn qui ne ſoit
pas de cet auis, les autres n'y ont plus droit ; ils doiuent
luy tenir parole ; & feroient injuſtement de ne la luy
tenir pas. Or il n'y a pas lieu de craindre qu'on voye
iamais tous les Sujets d'vn Etat, ſans en excepter
vn ſeul, s'accorder enſamble à réuoquer l'authorité
Souueraine : Il n'y a donc pas à craindre que les
Souuerains en ſoient iamais dépoüillez auec juſtice.
Cependant ſi l'on acçordoit que le droit des Souuerains vint du pacte de chaque ſujet à tout autre,
ils ſeroient fort expoſez à s'en voir dépouiller aiſé-

*Que de ce
qu'on a étably
par pactes la
puiſſance Sou-
ueraine, on n'a
plus droit de
la réuoquer.*

ment ; sous prétexte de justiçe. Car des-là que les Sujets sont en Assambée, soit legitime & conuo-quée par le Souuerain, ou s'y estans rendus par tourbes, comme on fait aux seditions, beaucoup de gens s'imaginent que le consentement de tous soit contenu dans celuy de la plus-part : mais ils se trompent en cela : car ce n'est pas la Nature qui a fait que le consentement de la plus-part passât pour celuy de tous ; & il n'est pas vray aux seditions : cela vient d'institution Ciuile ; & n'est vray que quand le Souuerain ayant conuoqué ses Sujets, pour telles affaires que bon luy semble, veut, at-tendu leur grand nombre, que leurs Députés ayent droit d'y parler pour tous, & qu'ayans compté leurs suffrages & auis, la plus forte voix l'emporte, & passe pour celle de tous. Or il n'y a pas lieu de croyre que le Souuerain en conuoquant ses Sujets ait entandu que ce fût pour disputer de son droit, sinon que lassé de regner il le déclare expresse-ment, & fasse abdication. Et parce que beaucoup de gens prenent par ignorance pour l'auis de tout l'Etat non-seulement celuy de la plus-part des Su-jets, mais celuy d'vn petit nombre qui sera de leur aduis : ces gens pourroient s'imaginer qu'on auroit droit de reuoquer l'authorité Souueraine, pouruen seulement que ce fût dans quelque grande Assam-blée de Sujets, & par pluralité de voix. Mais quoy que l'Etat s'establisse par les pactes de tout sujet à tout'autre, le droit de pouuoir absolu ne depend pas seulement de cette obligation : On s'y oblige au

Souuerain : & quand tout fuiet dit à tout autre
en cette forte , *le tranfporte mon droit à cet homme,*
à condition & afin que vous luy tranfportiés le vôtre ,
le droit qu'il auoit d'vfer & fe feruir à fon gré
de fes propres forçes pour fon bien en fon particulier, fe trouue tout tranfporté en cet Homme dont
ils conuienent. Quand donc tout fuiet s'oblige
non-feulement à tout autre, mais encore au Souuerain : & qu'aprés luy auoir fait donation de tout
fon droit, il doit la luy faire bonne : l'authorité
du Souuerain fe trouue affermie par vne double
obligation, l'vne des fuiets entre eux , l'autre
d'eux au Souuerain : D'où il fuit *Que les Sujets en*
quelque nombre qu'ils foient ne peuuent dépofer auec
droit le Souuerain que de fon confentemens.

LES

LES
ELEMENS
DE LA
POLITIQVE.

CHAPITRE SEPTIESME.

*Des trois especes d'Etat, la Démocratie,
l'Aristocratie, & la Monarchie.*

I. *Qu'il n'y a que trois especes d'Etat*; la Democratie,
l'Aristocratie, & la Monarchie. II. *Que l'Oligarchie n'est
pas vn Etat differend de l'Aristocratie; & que l'Anarchie n'est
point du tout vn Etat.* III. *Que la Tyrannie n'est point vne
espece d'Etat differente de la Monarchie légitime.* IV. *Qu'il
n'y a point d'Etat mêlé de ces especes là.* V. *Que la Démocratie ne subsiste point qu'on n'y établisse de s'assambler de temps en
temps, & en certain lieu.* VI. *Qu'en toute Démocratie il faut
de deux choses l'vne : Qu'il n'y ait pas grand temps d'vne assamblée à l'autre ; ou que pour ce temps on donne à quelqu'vn
l'exercice de la puissance Souueraine.* VII. *Dans la Démocratie vn chacun s'oblige par pacte à tout autre d'obeïr au peuple :
mais le peuple ne s'oblige à personne.* VIII. *Par quels actes s'é-*

N

I.

J'Ay parlé en general *de l'Etat par inſtitution* , maintenant ie vay parler
de ſes Eſpeces. La differençe des
Etats ſe prend de celle des perſonnes
à qui l'on a confié la puiſſançe Souueraine. Or on commet cette puiſſançe ou à *vn homme ſeul & vnique* , ou *à quelques hommes enſemble,*
& derechef ſi c'eſt à vne Aſſamblée ou Conſeil de
pluſieurs, c'eſt ou *de tous*, les particuliers , en ſorte
qu'il n'y en ait pas vn d'exclus , & qui n'ait ſon droit
d'entrer dans l'Aſſamblée ; & de donner ſon ſuf-
frage en toutes affaires d'Etat : ou c'eſt ſeulement
d'vne partie. De là viennent trois eſpeçes d'Etat ; la
premiere ou la puiſſance Souueraine appartient à vne
Aſſemblée & *Conſeil d'Etat,* où chaque ſujet a droit

d'assister, & de donner son suffrage; & on la nomme *Démocratie* : la seconde où l'authorité Souueraine apartient à vne Assamblée ou Conseil d'Etat, où seulement *certaine partie* des Sujets a droit de voix déliberatiue, & on la nomme *Aristocratie* : La troisiéme où la puissance Souueraine apartient à *vn homme seul & vnique*, & on la nomme *Monarchie* Dans la premiere de ces espeçes, la personne qui gouuerne s'apelle *le peuple*; la seconde ce sont *les Grands de l'Etat*; ou comme d'autres les apellent , *Messieurs les Etats & les Seigneurs* : Dans la troisiéme, *le Monarque*.

CHAPITRE VII.

11. Ce que quelques anciens Autheurs de Politique reconnurent trois autres espeçes d'Etat opposées à ces trois, chacune à la siene, c'est à sçauoir l'*Anarchie* ou confusion à la Démocratie; l'*Oligarchie*, ou le gouuernement de peu de gens à l'Aristocratie ; & *la Tyrannie* , ou le gouuernement d'vn mechant homme à la Monarchie; ce ne sont pas là trois autres espeçes d'Etat ; mais seulement trois autres noms qu'on leur donna , de ce qu'on n'y aymoit point la forme du gouuernement, ou les gens qui gouuernoient. Car les hommes quand ils imposent des noms , & s'en seruent , n'y designent pas seulement les choses , mais aussi leurs passions , telles que l'amour , la haine, la colere, & les autres. De là vient que tel apelle *Anarchie*, ce que tel autre apelle *Démocratie* : que quelques-vns soutienent *Oligarchie*, ce que d'autres soutienent *Aristocratie* : & qu'enfin l'vn nomme *Tyran*, celuy que l'autre apelle *Roy*.

Que l'Oligarchie n'est pas vn Etat différent de l'Aristocratie & que l'Anarchie, n'est point du tout vn Etat.

CHAPITRE VII.

Ces noms ne ſignifient donc pas diuerſes ſortes d'E-
tat, mais les diuers ſentimens qu'on y a du Souuerain :
Et de vray, qui ne void en premier lieu que l'A-
narchie eſt également oppoſée aux trois eſpeçes
d'Etat ? Car on entend par ce terme l'*Anarchie*, qu'on
ſoit ſans gouuernement : c'eſt à dire ſans Etat :
& comment eſt-il poſſible que le non Etat ſoit vne
eſpeçe d'Etat ? D'ailleurs quelle differençe trouuer
entre l'*Oligarchie*, qui veut dire le gouuernement
de peu de gens, & l'*Ariſtocratie*, qui eſt celuy des Seigneurs, des Principaux ou Grands de l'Etat, qu'on
apelloit par excellençe *les Meilleurs*, ou les *Tres-bons*,
(d'où vint le nom d'Ariſtocratie) ſinon que les hommes ſont differens entre eux ; & que toutes choſes
ne leur étant pas également bonnes, les meſmes
gens ſeront *Tres-bons* pour les vns, & *Tres-mauuais*
pour les autres ?

*Que la Ty-
rannie n'eſt
point vne eſpe-
çe d'Etat diffe-
rente de la
Monarchie lé-
gitime.*

III. Auſſi que *la Tyrannie* pour la forme du gouuernement ne différe point de *la Royauté*, mal aiſément pourroit on le perſuader à beaucoup de gens,
à cauſe de leurs paſſions : car quoy qu'ils aymaſſent
mieux l'Etat gouuerné par *vn homme ſeul* que par
pluſieurs, ils ne croyent pas pourtant qu'il le ſoit bien,
s'il ne l'eſt à leur phantaiſie : Mais c'eſt de la raiſon,
& non de ſes paſſions qu'il faut aprendre la différençe d'entre le Roy & le Tyran. Or ils ne différent
point que la puiſſançe de l'vn ſoit plus grande que
de l'autre ; quand il n'y a point de puiſſançe plus
gráde que la Souueraine : ny que l'vn ait ſa puiſſançe,
limitée l'autre ſans bornes ; puis que l'auoir limitée

feroit n'eftre pas Roy, mais Sujet de qui la limiteroit:
ny par la façon d'acquerir ; car que dans vn Etat de
République populaire ou autre vn fimple particulier viene à s'emparer par force de la puiffance Souueraine , fi les autres y confentent, le voilà *Roy &*
Monarque legitime ; & s'ils n'y confentent pas, c'éft
l'*ennemy* , & non le *Tyran* de l'Etat : *Le Roy* donc *& le*
Tyran , ne different que par leur façon de gouuerner ;
& c'eft à fçauoir qu'on apelle *Roy* celuy qui regit iuftement , & *Tyran* qui gouuerne mal. On en vient
donc là que premierement il y ait *vn Roy* legitime-
ment étably ; & qu'apres cela fes fujets l'apellent
Roy ou *Tyran*, felon qu'ils jugent qu'il gouuerne bien
ou mal. D'où il fuit enfin que le Royaume & la Tyrannie ne font pas différentes efpeces d'Etat . Mais
feulemét qu'on donne au mefme Monarque le nom
de*Roy* par hóneur, celuy de *Tyran* par outrage. Quant
à ce qu'on void dans les liures tant de Déclamations
& d'inuectiues contre les Tyrans, cela vient des Autheurs Grecs & Romains, qui pour viure en Republique, foit populaire ou de Seigneurs, auoient en
auerfion le gouuernement Monarchique.

1 V. Beaucoup de gens vous diront qu'il eft bien
vray qu'il faut néceffairement qu'on ait quelque part
dans l'Etat la puiffance Souueraine ; mais, difent-ils,
fi c'étoit *vn homme feul* ; ou feulement *vne Affamblée*
& Confeil de quelques hommes qui l'eût , tous les
autres feroient *Efclaues*. Pour donc éuiter ce grand
inconuenient, & ne tomber pas dans cette condition
d'*Efclaues*: ils font vne efpeçe d'Etat mélé des trois

Qu'il n'y a
point d'Etat
mélé de ces trois
efpeçes.

N iij

que i'ay dites, & différent de chacune, qu'ils apellent Monarchie, Ariſtocratie, ou Democratie, *Mixte*, ou comme ils diſent *Temperée*, ſelon l'eſpece qui
y prédomine. Par exemple, ſi c'eſtoit au Roy de
nommer les Magiſtrats, & faire la guerre & la paix;
Que les Seigneurs y jugeaſſét les affaires; Que le peuple y reglât les impots; & que tous enſéble.fiſſent les
Loix: ils apelleroient cet Etat *vne Monarchie Mixte*.
Mais ſuppoſé qu'en effet l'Etat fût tel que cela, les
Sujets n'y ſeroient pas pour cela plus libres : Car
tandis qu'ils ſont d'accord, leur ſujetion eſt ſi grande,
qu'il n'eſt pas poſſible qu'elle le ſoit d'auantage, &
que le deſordre s'y mette : ils ſont en guerre ciuile ;
chacun retourne dans ſon droit d'y faire à ſa phantaiſie, qui eſt pis que toute ſujection. Aprés tout i'ay
aſſés fait voir dépuis l'article ſixiéme iuſqu'au douziéme du chapitre précedent;* Qu'il n'eſt pas poſſible
de partager de la ſorte la puiſſance Souueraine.

*Que la Dé-
mocratie ne
ſubſiſte point
qu'on n'y éta-
bliſſe de s'aſ-
ſambler de
temps en temps,
& en certain
lieu.*

   v. Voyons maintenant ce qu'on fait dans châque
eſpeçe d'Etat quand on l'établit. Les gens s'aſſamblent pour faire vn Etat, des-là qu'ils s'aſſemblent
ainſi, ſont preſque *vne Démocratie*. Et de vray il
eſt cenſé que s'y rendans de la ſorte & de leur bon
gré, ils ont entandu s'obliger à ce qui paſſeroit dans
l'aſſamblée *par pluralité de voix* : C'eſt donc vne
Démocratie, tant que dure l'aſſamblée, ou qu'ils
la remettent à certains temps, & en certains lieux.
Car puiſque ſa volonté comprend toutes leurs volontés, elle a ſa volonté *vnique*, & ſa puiſſançe
Souueraine : Mais on ſuppoſe d'ailleurs que perſon-

ne n'en soit exclus : C'est donc *une Démocratie* selon que i'ay definy dans l'article premier de ce chapitre. Mais si l'assamblée cesse , & qu'on n'y ait
pas conuenu de temps & de lieu à s'assembler derechef, ils en sont à *l'Anarchie* comme auparauant,
& à l'Etat de guerre de chacun contre tout autre : Le
peuple donc ne retient point la puissance Souueraine.
En effet s'il n'est connu & étably en quel temps,& en
quel lieu s'assambler vne autre fois, ils pourront s'assambler en diuers temps & en diuers lieux,c'est à dire
par factions , ou ne s'assembler point du tout : Il
n'y a donc plus de peuple ; ce n'est qu'vne multitude des-vnie, qui ne peut auoir en propre aucun
droit ny action. Deux choses donc établissent la
Démocratie , que l'assamblée y soit indite à per-
petuité, ce qui fait que ce soit *un peuple* ; & que
ce peuple délibere *par pluralité de voix* ce qui établit sa *puissance.*

VI. Mais ce n'est pas encore assés pour se conseruer la puissance, que le peuple ait étably à quel
temps & en quel lieu se rétrouuer : Il faut de deux
choses l'vne : ou qu'il y ait si peu de temps d'vne
assamblée à l'autre, qu'il ne puisse rien arriuer en-
tre-deux qui mette l'Etat en danger faute de commandement : ou que le peuple ait donné pour ce
temps là l'vsage de sa puissance à *quelqu'vn* : Et
quand ie dis *à quelqu'vn*, i'entans parler d'*un* homme seul ou d'*vne* autre assamblée d'hommes &
Conseil d'Etat, qui puisse empécher tels des-ordres.
A moins que cela on n'auroit pas assez pourueu à

*Qu'en toute
Démocratie il
faut de deux
choses l'vne ,
qu'il n'y ait pas
long temps d'v-
ne assamblée à
l'autre ; ou que
pour ce temps
on dône à quel-
qu'vn l'exerci-
ce de la puis-
sance Souue-
raine.*

Dans la Démocratie vn chacun s'oblige par pacte à tout autre d'obeïr au peuple ne s'oblige à personne.

la deffançe & au repos de chaque particúlier ; ce ne feroit donc pas vn Etat ; & faute de feuretés, chacun retiendroit fon droit de fe deffandre luy mefme ainfi qu'il verroit à propos.

VII. *La Démocratie* ne s'établit point par les pactes d'vn-chacun auec le peuple, mais par les pactes mutuëls *d'vn chacun auec tout autre.* La prémiére de ces chofes eft toute vifible , en ce que pour faire vn pacte il faut eftre auparauant : Mais auant l'Etat étably *le peuple* n'étoit pas encore puis qu'il n'eftoit pas en qualité *de perfonne*, c'eft à dire *en vnité*, mais feulement vne *multitude* des-vnie de fimples particuliers : Il n'a donc pû faire de pacte ; & ainfi il n'y en a point entre luy & fon fujet , à compter de ce temps là. Mais il n'y en a point auffi dépuis l'Etat étably : Car dés-là qu'il eft étably fa volonté comprend en foy les volontés de fes Sujets : Or cela pofé, le Sujet veut ce que veut le peuple ; le peuple donc eft liberé quand il luy plait ; & par confequent toûjours actuëllement libre, & iamais obligé par pacte : Quant à la feconde chofe, que tout Sujet y faffe pacte auec tout autre Sujet, on peut l'inférer de ce qu'en vain feroit l'Etat , fi les fujets n'étoient obligés par pactes à faire ou obmettre ce qu'il leur commanderoit. Puis donc qu'on entend que tels pactes interuienent comme néceffaires en tout eftabliffement d'Etat ; & qu'il n'y en a point içy des particuliers au peuple : Il fuit que c'eft feulement entre les particuliers ; & c'eft à fçauoir qu'*vn-chacun* promet par

pacte

pacte à *tout autre* d'affujettir fa volonté à celle de
la plus-part, à condition que chaque autre en faffe autant : comme fi chacun difoit ainfi : *le tranf-*
porte pour l'amour de vous tout mon droit au peuple, à
condition que pour l'amour de moy vous luy tranfportiés
tout le vôtre.

VIII. *L'Ariftocratie, où les Seigneurs & Etats*
ayans puiffançe Souueraine vient de la Démocratie, qui luy tranfporte fon droit. Il faut donc
entendre qu'on y propofe au peuple *CertainesGens,*
qui feront diftingués des autres ou par leur nom-
propre, ou par leur extraction, ou en quelque autre façon ; qu'on les élit par pluralité de voix ; &
que par cette Election le peuple ou l'Etat leur tranfporte tout ce qu'il auoit de droit. Or on void que
cela pofé cette affemblée de Seigneurs peut de droit
aprés cela, tout ce que pouuoit le peuple.

Par quels
actes s'établit
l'Ariftocratie.

IX. Comme dans *la Democratie le peuple* eft libre
& exempt de toute obligation, l'Affemblée des
Seigneurs l'eft dans l'Ariftocratie. Car afin d'eftre
obligée il faudroit que ce fût *au particulier,* ou *au*
peuple : Elle ne l'eft point au particulier, quand il fe
trouue au contraire que tout fujet étoit tenu à ce que
feroit le peuple ; & qu'ainfi il eft tenu au tranfport
de droit que le peuple a fait : & elle n'eft point au
peuple ; puis que des-là qu'il l'établit en luy tranf-
portant fon droit, il ceffe d'eftre luy-mefme comme perfonne ciuile.

Dans l'Ari-
ftocratie les
Seigneurs &
Etats ne per-
mettent rien,
& ne font obli-
gés ny à pas vn
des Sujets en
particulier, ny
à tous enfam-
ble.

x. L'Ariftocratie a deux autres chofes communes
auec la Démocratie : La premiere que fi l'on n'y éta-

Les Seigneurs
& Etats doiuët

O

Chapitre
VII.
s'assembler à
certains temps.

blit certains temps, & certains lieux que se tiene
l'Assamblée, elle ne subsiste plus *en vnité* de personne ; & que cette *vnité* n'étant plus, il n'y a plus
aussi de *puissançe Souueraine.* La seconde, que les interualles des temps que se tienent les Assamblées
n'y soient pas bien longs; ou qu'en tout cas on donne à quelqu'vn pour ce temps là l'vsage & l'exerciçe
de la puissançe Souueraine. Dont les raisons sont les
mesmes que i'ay dites dans l'article cinquiéme.

*Par quels
actes s'établit
la Monar-
chie.*

XI. *La Monarchie* aussi bien que l'Aristocratie
vient de la puissance du *Peuple,* lequel transporte en
vn seul Homme tout son droit, & puissançe Souueraine. Il faut donc entendre de mesme qu'on y
propose au peuple *vn certain Homme seul & vnique,*
qu'on deura distinguer des autres, par son nom propre, ou par autres marques ; & que le peuple
par pluralité de voix luy transporte tout son droit, en
sorte qu'il puisse de droit tout ce que pouuoit le
peuple : Le peuple donc aprés cela n'est qu'vne
Multitude des-vnie, luy qui n'étoit proprement *vn*
& *vne Personne Ciuile,* qu'en vertu de sa *puissançe
Souueraine:* qu'il a transportée en cet Homme.

*La Monar-
chie pour l'au-
thorité absoluë
qu'on luy defe-
re, n'est obligée
à personne.*

XII. *Le Monarque* ne s'oblige donc iamais par pacte à personne pour l'authorité reçeuë. Car il la reçoit du peuple : mais comme ie viens d'expliquer le
peuple cesse aussi tost d'estre vne personne Ciuile,
& quand la personne n'est plus nul, ne peut luy estre
obligé. Les sujets donc sont tenus d'obeïr au Monarque par les seuls pactes , par lesquels ils s'étoient
obligés entre eux, à tout ce que voudroit le peuple;

Et par conséquent à reconoître le Monarque, &
luy obeïr, si le peuple l'établissoit.

XIII. Or la Monarchie diffère tant de la Démocratie, que de l'Aristocratie, en ce que les deux
derniéres ont besoin de temps & de lieux certains
& préscrits, pour déliberer & décerner, ie veux dire
pour l'exerciçe actuël de la puissançe Souueraine :
& qu'au contraire dans la Monarchie les délibérations & decrets se font en tout temps & en tout lieu.
Car le peuple ny les Seigneurs n'étant pas *un Tout*
par Nature, ont besoin de s'assambler : & au contraire *le Monarque* comme étant *un* par Nature, est
aussi toûjours en puissance prochaine de faire tous
actes de Souuerain.

XIV. Puis que i'ay fait voir aux articles sétiéme,
neuuiéme, & douziéme de ce chapitre, que des là
qu'on est paruenu à la puissance Souueraine on n'est
obligé par pacte à personne : il s'ensuit qu'aprés cela
on ne fait tort à personne. Car pour faire tort & injure, ainsi que i'ay définy dans l'article troisiéme du
chapitre troisiéme, il faut violer son pacte : où donc
il n'y a point de pacte, il ne peut y auoir d'injure.
Cependant *le peuple d'une République, les Seigneurs*
& Etats, & le Monarque peuuent pécher en beaucoup d'autres façons contre les loix de Nature :
comme par *Cruauté*, par *Iniquité*, en faisant des *Ou-*
trages, ou autres actions vitieuses, qui ne sont pas
comprises sous le nom d'*Injure* dans son acception
propre, ie veux dire à le prendre dans son sens le
moins étandu & à la rigueur. Au reste le sujet quand

La Monar-
chie est ioûjours
en puissançe
prochaine
d'exerçer tous
actes necessai-
res au gouuer-
nement de
l'Etat.

Quel genre
de peché c'est,
& de quels
hommes, quand
les Sujets ne
s'acquitent pas
de leur deuoir
enuers l'Etat,
ou l'Etat en-
uers les Sujets.

il manque d'obeïr au Souuerain, *Fait tort & injure
à tous les autres sujets*, comme ayant donné parole à
tout autre d'obeïr : Et il fait *tort & injure au Souuerain*, puis qu'il entreprend de retirer sans son adueu le droit qu'il luy a donné. Enfin pour parler *du
peuple , & des Seigneurs-&-Etats* : Quand il passe
quelque chose dans leurs Assemblées contre les loix
de Nature , tout l'Etat ne peche pas , ie veux dire la
personne Ciuile , mais seulement ceux d'entre eux
qui ont été de l'aduis. Mais dans la Monarchie c'est
le Monarque qui peche, s'il ordonne quelque chose
contre les loix de Nature , quand la volonté Ciuile
est en luy la mesme que la Naturelle.

X V. *Le peuple* en faisant *vn Monarque* luy donne *toute authorité* purement & simplement, & sans
luy prescrire de temps, ou seulement pour vn temps,
s'il ne luy prescrit point de temps , le Monarque a
sa puissance toute la mesme qu'auoit le peuple:Com-
me donc le peuple a eu droit de faire ce Monarque,
ce Monarque a droit d'en faire vn autre:& c'est pourquoy le Monarque à qui l'on a confié purement &
simplement la puissance Souueraine a droit non seulement *de Possession*, mais *de Succession*; & peut se déclarer tel *Successeur* qu'il voudra.

X V I. Mais si le peuple ne transporte sa puissance Souueraine que *pour certain temps*, il y faut considerer d'autres choses que ce transport: La premiére , si le peuple s'y reserue ou non *le droit de s'af-
sambler* à certain temps , & en certain lieu : La seconde , posé le cas qu'il se reserue ce droit , s'il se le

reserue aussi de s'assembler *auant le terme* du temps
préscrit au Monarque: La troisiéme, s'il veut & entand qu'il depende de ce Monarque pour vn temps
de le conuoquer, en telle sorte que le peuple n'ait
plus droit de s'assembler *que par l'ordre du Monár-
que*. Supposons maintenant que le peuple ait transporté son droit à quelqu'vn pour en iouïr sa vie durant: & pensons premierement qu'aprés cela chacun
se soit retiré de l'Assamblée, sans qu'on y ait conuenu de lieu à se r'assambler aprés la mort de cet Hom-
mé, pour procéder à nouuelle élection. Il est éuident par l'article cinquiéme de ce chapitre, que le
peuple en ce cas n'est plus *vne seule personne*, mais
seulement vne *Multitude* des vnie de gens qui pourront s'assambler aprés la mort de cet homme, chacun où il luy plaira, & auec qui il voudra, & mesmes
se saisir s'ils peuuent de l'authorité Souueraine; &
tout cela auec droit, c'est à sçauoir par droit de Nature. Le Monarque donc qui a reçeu l'authorité
Souueraine à telles conditions, est tenu par la loy de
Nature que i'ay expliquée dans l'article huitiéme du
chapitre troisiéme, *De ne rendre pas le mal pour le
bien*; & ainsi de pouruoir qu'apres sa mort l'Etat ne
soit pas en diuision: & il ne peut faire cela, s'il ne
conuoque ses sujets à certain temps, & en certain
lieu, où puisse venir qui voudra pour luy nommer
vn Successeur; ou qu'il ne le nomme luy-mesme, tel
qu'il verra à propos pour le bien-public. Tout Homme donc qui a reçeu la puissance Souueraine pour
tout le temps de sa vie l'a purement & simplement,

& peut la tranſmettre à tel Succeſſeur qu'il voüdra.
Suppoſons en ſecond lieu, Que le peuple, aprés
s'eſtre eſleu vn Monarque pour vn temps, paſſe
auant que de ſe ſeparer vn Aĉte & Decret, de s'aſſambler aprés la mort de ce Monarque, à certain
iour, & certain lieu. En ce cas le Monarque mort,
le peuple ſe trouue affermy dans l'authorité Souueraine, & cela par ſon droit d'auparauant, & ſans aucun
nouuel aĉte des ſujets. Et de vray dans tout le temps
d'entre deux le droit de Commandement eſtoit en
propre & appartenoit au peuple comme ſon Domaine; & le Monarque pour vn temps n'en auoit
que l'vſage & l'vſufruit, c'eſt à dire l'exerciçe, &
comme vſufruĉtuaire. Que ſi le peuple aprés auoir
eſleu le Monarque pour vn temps, eſtablit & deſigne certain temps, & certain lieu, à tenir derechef
ſes Aſſemblées, auant le terme eſcheu, preſcrit
au Monarque, (qui eſt la façon, que les Romains
faiſoient autrefois leurs Diĉtateurs :) En ce cas on
ne doit pas prendre pour *Monarque* l'homme ainſi
eſleu, mais ſeulement pour *le prémiér Miniſtre du
Peuple*, que le peuple comme Souuerain peut reuoquer ſi bon luy ſemble, meſmes auant ſon terme
eſcheu, ou luy donner des Collegues ; comme fit
le peuple Romain quand il crea *Minutius* (ſon Général de la Caualerie,) eſgal en authorité à *Quintus
Fabius Maximus*, qu'il auoit fait Diĉtateur auparauant. Dont la raiſon eſt qu'il y a contradiĉtion que
l'homme ou l'Aſſamblée d'hommes qui eſt en puiſſance prochaine & immediate d'agir, retiene l'au-

thorité Souueraine,& neanmoins ne puiſſe pas commander actuëllement: puis que l'authorité Souueraine n'eſt rien que le droit de commander tout autant qu'il eſt poſſible. Enfin ſi le peuple apres auoir
declaré quelqu'vn Monarque pour vn temps, ſe
ſepare, & rompt l'Aſſamblée, en ſorte qu'il ne luy
ſoit plus loiſible de la tenir que *par ordre exprés* du
Monarque: on entend que l'Aſſamblée ſoit rompuë
pour toûjours ; qu'ainſi ce n'eſt plus vn peuple, &
vne perſonne Ciuile ; & que pour cela meſmes le
Monarque l'eſt abſolument qu'ils ont ainſi declaré tel, comme n'eſtant plus au pouuoir des ſujets de
faire renaître l'Etat, ſoit populaire ou de Seigneurs,
que par l'ordre de ce Monarque. Meſmes ce Monarque eût il promis de conuoquer ſes ſujets à certain temps, il n'y eſt point obligé, quand la *perſonne*
qui a receu ſa promeſſe n'exiſte plus s'il ne veut.
Ce que ie viens de dire de ces quatre cas, où le peuple eſlit vn Monarque pour vn temps ſera plus aiſé à
entendre par la cóparaiſon auec le Monarque abſolu,
dót on ne voit pas d'heritier. Car le peuple eſt ſi bien
Maiſtre & Seigneur de ſes ſojets, qu'il ne peut auoir
d'heritier en ce Droit, s'il ne le nóme : Auſſi qu'en
toute Republique on doit cóparer *les interualles* d'entre deux temps que ſe tienent ſes Etats, au temps que
le temps que le Monarque *dort* : en ce que les actes
du commandement y ceſſent, & que la puiſſance
demeure: Et enfin que quand l'Aſſamblée ſe rompt
à ne ſe tenir iamais plus, c'eſt *la mort du peuple* ; comme c'eſt *la mort de l'homme* qu'il dorme à ne s'eueil-

ler plus. Comme donc le Roy qui eſt ſans heritiers s'en allant dormir à ne s'eueiller iamais, ie veux dire quand il meurt, s'il donne à quelqu'vn l'exercice, iuſqu'à ſon reueil, de la puiſſance Souueraine, luy donne ſa ſuocẹſſion: De meſme ſi le peuple en eſliſant vn Monarque pour vn temps, s'ôte luy-meſme le pouuoir de s'aſſambler: il donne l'Etat à ce Monarque en domaine & proprieté ; & l'en fait Seigneur & Maiſtre. Auſſi comme vn Roy qui donne le gouuernement de l'Etat pour le temps qu'il dormira, le reprend des qu'il s'éueille : ainſi le peuple qui eſlit vn Monarque pour vn temps, & ſe reſerue le Droit de s'aſſembler à certain iour en certain lieu, reprend ce iour là, & en ce lieu ſa puiſſance Souueraine. Et comme le Roy qui donne tandis qu'il veille le gouuernement à vn autre, peut le reuoquer en tout temps : De meſme le peuple qui a droit de s'aſſambler dans le temps preſcrit au Monarque, peut le dépoüiller quand il veut de la puiſſance Souueraine. Enfin comme le Roy qui donne ſon Etat à gouuerner pour tout le temps qu'il dormira, & ne peut s'eueiller que ſous le bon plaiſir de celuy à qui il le donne, perd en meſme temps la vie & la Royauté: De meſme le peuple qui a commis ſon authorité au Monarque pour vn temps, mais a voulu ne pouuoir tenir d'Aſſamblée que par ſon ordre exprés, s'eſt diuiſé luy-meſme & diſſipé; & par ce moyen ſon authorité demeure au Monarque qu'il a eſleu.

XVII. Si le Monarque promet quelque choſe

se à son sujet, ou à plusieurs de ses sujets, à raison & en consequence dequoy il vint à n'auoir plus libre l'exerciçe de sa puissance Souueraine, iurât-il de le tenir, son pacte est *nul & inualide*. Car le pacte est vn transport de droit, pour lequel, ainsi que i'ay expliqué dans l'article quatriéme du chapitre second, il faut des signes suffisans de la volonté de qui le fait. Or celuy qui déclare suffisamment sa volonté de retenir vne fin, déclare suffisamment qu'il ne se depart pas du droit aux moyens necessaires pour cette fin : maintenant celuy qui promet quelque chose de necessaire à l'exerciçe de l'authorité Souueraine, & retient neanmoins cette authorité, donne des signes suffisans qu'il ne promet qu'à condition qu'il n'y aille point de cette mesme authorité : Si donc il ne peut tenir ce qu'il a promis, sauf cette mesme authorité, c'est comme s'il n'auoit point promis ; & ainsi sa promesse est nulle.

XVIII. I'ay fait voir comment les hommes par vn instinct de Nature vienent à s'assujettir, & s'obliger par pactes mutuëls entre eux de reconoître vn Souuerain, & luy rendre obeïssance pure & simple : il faut voir maintenant par quels moyens on est liberé de cette obligation. Cela ce fait en premier lieu par *Abdication*, ie veux dire si le Souuerain sans transporter à autruy son droit de Souueraineté *s'en démet* purement & simplement, & le *délaisse*. Car qui le laisse de la sorte, & declare n'en vouloir plus, c'est le donner à prendre à qui pourra ; & par ce moyen chacun rentre dans son droit de se garantir luy-mes-

P

CHAPITRE VII.

Il n'est point censé que le Monarque quand il retient son droit de Souuerain ait transporté comment que ce soit le droit aux moyens nécessaires à la Souueraineté.

Par quelles voyes on est liberé de subjection à l'Etat.

me de tout peril, & s'y deffandre, ainfi qu'il verra à
propos. En fecond lieu, fi l'Etat tóbe entre les mains
& dans la puiffançe de fes Ennemis, à ne pouuoir
leur refifter, le Souuerain qu'on y auoit perd fa puiffançe Souueraine : car les fujets en faifans tous leurs
effors pour s'empefcher de tomber entre les mains
de l'ennemy, fe font tous acquités du pacte qu'ils
auoient fait entre-eux de maintenir le Souuerain; &
par confequent font obligez aprés cela de tenir au
vainqueur ce qu'ils luy promettent, pour auoir leur
vie fauue. En troifiéme lieu, pour ce qui eft des Monarchies, (car aux Republiques le peuple dans les
populaires, & les Seigneurs & Etats dans les autres,
ne peuuent iamais défaillir :) aux Monarchies, dis-
je, fi l'on ne void point du tout de Succeffeur au
Monarque, les fujets font liberés de cette obligation : Car il n'eft point cenfé qu'on foit tenu, fi l'on
ne peut fçauoir à qui : puis qu'en ce cas il feroit impoffible de tenir. Et ce font là les trois façons qu'on
retourne de la fujetion Ciuile à la liberté de Tout-
homme en toutes chofes, qui eft la liberté de Nature & de befte brute : Puis que l'Etat de Nature eft
à vray dire à l'Etat Ciuil, ie veux dire *la Liberté* à
l'Etat de *Sujection*, ce que la Paffion à la Raifon, ou
la befte à l'homme. Enfin on eft liberé de fujetion
quand le Souuerain y confent : & c'eft à fçauoir
quand on quitte le pays : ce qui peut arriuer en deux
façons. car on le quitte *auec congé*, & c'eft à fçauoir
qu'aprés auoir obtenu permiffion d'aller s'établir
en vn autre Etat, on y va de fon bon gré : ou c'eft.

par ordre exprés , comme ceux qu'on ennoye *en*
exil. Or en ces deux cas, on est libre & affranchy
des Loix de l'Etat d'où l'on vient , parce qu'on est
obligé à celuy ou l'on s'habituë.

LES
ELEMENS
DE LA
POLITIQVE.

CHAPITRE HVICTIESME.

Du Droit de Seigneur sur l'Esclaue.

I. *Ce que c'est que le Seigneur & l'Esclaue.* II. *Distin-*
ction des Esclaues en ceux à qui l'on se fie, & qui jouissent de la
liberté de Corps; & ceux qu'on tient en Prison *ou* à la Chaisne.
III. *L'Obligation de l'Esclaue vient de ce que le Seigneur luy*
laisse la liberté de Corps. IV. *Les Esclaues enchaisnés ne sont point*
tenus par pacte. V. *L'Esclaue n'a rien à soy à l'exclusion du Sei-*
gneur. VI. *Le Seigneur peut disposer à son gré de son Esclaue,*
soit entre vifs, ou par Testament. VII. *Le Seigneur ne peut*
faire tort à l'Esclaue. VIII. *Le Seigneur du Seigneur l'est*
des Esclaues. IX. *Par quels moyens on est Affranchy.* X. *Que*
le Domaine & Seigneurie sur les bestes est de Droit Naturel.

I.   I'Ay traité aux deux chapitres précedens   *Ce que c'est*
de l'Etat *par Institution*, ie veux dire de *que le Sei-*
celuy qui s'établit du consentement *gneur, &*
de beaucoup de gens, qui s'obligent *l'Esclaue.*
entre eux par pactes, & se donnent pour cela leur

P iij

foy mutuëlle. Ie vay traiter maintenant de l'Etat que i'ay apellé *Naturel*, & qu'on peut nommer *Acquis*, puis que de vray, on l'acquert par sa propre forçe, & par ses puiſſançes & facultés Naturelles. Or il faut ſçauoir prémierement par quel moyen ſe peut acquerir le droit de Domaine ſur la perſonne des hommes : car de ce qu'on a ce droit on a vn Royaume à ſoy ; puis qu'*eſtre Roy* n'eſt autre choſe qu'auoir ſur quantité de gens *le droit de Seigneur & Maiſtre* ; qu'*vn Royaume n'eſt qu'vne grande famille*, & toute famille vn petit Royaume. Pour retourner donc à l'Etat de Nature, & conſiderer les hommes, comme s'ils ne venoient que de naiſtre de la terre, ainſi que des champignons, mais hommes faits, ſans obligation entre eux ; Il n'y a que trois façons qu'on puiſſe acquerir ſur autruy le droit de Seigneur & Maiſtre. La prémiere, quand beaucoup de gens enſamble, pour viure en paix entre eux, & ſe deffandre de concert contre tous autres, s'*accordent d'vn* Homme ſeul ou d'*vn* Conſeil & Aſſamblée de quelques hommes ; s'*aſujettiſſent à luy* de leur bon gré & volonté ; le rendent leur *Seigneur & Maiſtre* ; & s'obligent par pactes entre eux de luy eſtre obeïſſans & fidelles, qui eſt la façon dont i'ay parlé. La ſeconde, quand ſe trouuant priſonnier de guerre, ou vaincu, ou qu'on ſe defie de ſes propres forces, on promet au vainqueur ou au plus-fort qui donne quartier, & promet protection, de le ſeruir & eſtre à luy, c'eſt à dire de faire tout ce qu'il commandera. Contract auquel l'homme vaincu ou plus fŏible reçoit en bien fait *fa vie fauue* ; que dans l'Etat de Nature on pouuoit luy ôter : & promet pour recompenfe *obeïffançe & feruiçe*. En vertu donc de ce pacte il doit feruiçe au vainqueur, & & obeïffançe abfoluë, autant qu'il fe peut fans violer les loix Diuines. Car celuy qui eft tenu d'obeïr auant que de fçauoir en quoy, eft tenu d'obeïr purement & fimplement, qui veut dire en toutes chofes fans referue. Maintenant on apelle *Efclaue*, qui s'eft obligé de la forte ; *Et Seigneur & Maiftre* celuy à qui il s'eft obligé. Enfin on acquert droit fur la perfonne par la *Generation* : Et ie parleray au chapitre fuiuant de cette façon d'acquerir.

11. Il n'eft pas cenfé que tout prifonnier de guerre à qui l'on a donné quartier, ait fait pacte auec fon Seigneur : car on ne fe fie pas à tous, iufqu'à leur laiffer ce qu'il faudroit de liberté naturelle pour s'enfuyr, ou refufer de feruir, ou pour machiner contre leur Seigneur s'il leur en prenoit enuie. Tels Efclaues feruent pourtant, mais en prifon, ou à la chaifne : Et c'eft pourquoy on les apelloit non feulement *Efclaues* du nom commun, mais *Prifonniers* de mefme qu'encore aujourd'huy *eftre feruiteur* n'eft pas mefme chofe *qu'eftre Efclaue*.

111. L'obligation de l'Efclaue au Seigneur ne vient donc pas fimplement de fa vie fauue, mais de ce qu'on ne le tient à la chaifne ny en prifon. Car cette obligation vient d'vn pacte : & il n'y a point de pacte fans confiançe : comme on void par l'article neuuiéme du chapitre fecond, ou i'ay définy

Diftinction des Efclaues en ceux en qui on fe fie, & qui iouïffent de la liberté de corps, & ceux qu'on tient en prifon ou à la chaifne.

L'obligation de l'Efclaue vient de ce que le Seigneur luy laiffe la liberté de corps.

CHAPITRE VIII.

que le pacte est la promesse de celuy à qui on se fie. Ainsi le bien-fait de la vie que le Seigneur a donné sauue à l'Esclaue, est accompagné de sa *confiance* de luy laisser *la liberté de corps* ; & sans cette obligation l'Esclaue auroit droit non-seulement de s'éuader & fuïr, mais de tuër le Seigneur qui luy auroit sauué la vie.

Les Esclaues enchaisnés ne font point tenus par pacte.

IV. A ce compte les Esclaues qu'on tient *en prison & à la chaisne* ne font pas compris dans la definition que i'ay donnée de l'Esclaue : comme ne seruans point par pacte, mais pour n'estre pas mal-traités. Si donc ils s'enfuyent, ou qu'ils tuënt leur Seigneur, ce n'est point contre les loix de Nature. Aprés tout, ce qu'on leur donne des fers montre assez qu'on ne les croit point suffisamment engagez par autre obligation.

L'Esclaue n'a rien à soy à l'exclusion du Seigneur.

V. Le Seigneur donc n'a pas moins de droit sur l'Esclaue qu'il ne tient pas à la chaisne, que sur celuy qu'il y tient : car il l'a souuerain sur l'vn & l'autre ; & peut dire de tous les deux, comme de toute autre chose, *cela est à moy.* Or il suit de là que tout ce qu'auoit l'Esclaue auant sa captiuité apartient aprés au Seigneur ; & que l'Esclaue n'acquert rien pour soy, mais pour luy. Car qu'on ait droit de disposer de la personne d'vn homme, on l'a aussi de disposer de ce dont il disposoit. L'Esclaue donc ne peut rien auoir *à soy* à l'exclusion du Seigneur : mais seulement il peut sous son bon plaisir faire certaines choses siennes, les auoir à soy en propre, & pour le dire encore autrement en auoir le domaine & pro-

prieté

prieté, à en exclure tout Esclaue son compagnon :
De mesme que le sujet que i'ay fait voir cy-dessus
qui n'a rien proprement *à soy* à en exclure l'Etat,
c'est à dire le Souuerain, à neanmoins ses biens en
propre contre tout autre sujet.

VI. Puis donc que l'Esclaue est au Seigneur *corps
& biens* ; & que tout homme par droit de Nature
peut faire de son bien ce qu'il luy plaira : le Seigneur peut vendre, & engager son Esclaue, & transporter son droit sur luy entre vifs, & par Testament,
à qui bon luy semblera.

Le Seigneur peut disposer à son gré de son Esclaue, soit entre vifs ou par Testement.

VII. Aussi ce que i'ay demontré que dans l'Etat
par institution le Souuerain ne fait iamais tort au sujet, se trouue vray des Esclaues : car ils ont assujetty
leur volonté à celle de leur Seigneur : Ils veulent donc
tout ce qu'il fait : & on ne fait point d'injure à qui
le veut bien.

Le Seigneur ne peut faire tort à l'Escla- ue.

VIII Et s'il arriue que le Seigneur d'vn Esclaue
deuiene Esclaue luy-mesme, ou sujet d'vn autre,
cet autre sera son Seigneur immediatement, & de
son Esclaue par son moyen. *Le Maistre-Esclaue* donc
n'en pourra disposer aprés cela qu'au gré du Souuerain Seigneur : Et ce que dans quelques Etats on
a eu sur les Esclaues tout droit de vie & de mort, cela venoit du droit de Nature ; & la Loy Ciuile
n'auoit fait que le tolerer.

Le Seigneur du Seigneur l'est des Es- claues.

IX. On est *affranchy de seruitude* comme de *subjection* : En premier lieu, si le Seigneur met en liberté : car il peut rendre à l'Esclaue le droit qu'il

Par quels moyens on est affranchy.

en auoit eu ; & cette façon s'apelle *Manumißion*, & reſſamble à ce que l'Etat permet au ſujet de s'aller tranſplanter dans vn autre Etat. En ſecond lieu, ſi le Seigneur *chaſſe* l'Eſclaue, ce qui eſt comme l'*Exil* au ſujet, & ne differe point de la manumiſſion quant à l'effet, mais ſeulement pour la maniére, en ce que la liberté tient en l'vne lieu de peine, en l'autre de bien-fait : car on y renonçe par tout au domaine ſur l'Eſclaue. En troiſiéme lieu, ſi l'Eſclaue eſt fait captif, ſon ſecond eſclauage met fin au premier : car on gagne les Eſclaues à la guerre comme le reſte : & qui les veut à ſoy les doit proteger. En quatriéme lieu, on eſt affranchy par la mort du Seigneur ſans teſtament & ſans heritiers : nul n'étant cenſé obligé, s'il ne peut ſçauoir à qui. Enfin l'Eſclaue mis à la chaiſne, ou de quelque autre façon qu'il viene à perdre ſa liberté de corps, eſt liberé de ſon Eſclauage par pacte : car il n'y a point de pacte qu'on ne s'y fie à qui le fait ; & l'on ne peut manquer de foy à qui ne ſe fie point. Quant aux Eſclaues ayans deux Seigneurs, l'vn immediatement, & l'autre par ſon moyen : Que *le Seigneur* les affranchiſſe tant qu'il voudra, ils ſeront toûjours ſous la puiſſançe *du Seigneur de leur Seigneur :* Car ils n'étoient pas au *ſimple Seigneur*, mais au *Seigneur Souuerain.*

 X. On ſe rend Maiſtre des beſtes comme des hommes, ie veux dire par forçe, & par ſes facultés naturelles. Car ſi dans l'Etat de Nature pour la

guerre de tout homme contre tout autre, il eſt loiſible d'aſſujettir l'homme, & de le tuër, à plus forte raiſon le ſera t-il de la beſte. C'eſt donc par
ce droit qu'on les prend , qu'on les apriuoiſe,
qu'on s'en ſert, & qu'on les tuë: & c'eſt *par droit
de Nature*, non *par droit Diuin poſitif.* De vray ſi
ce droit n'eût été auant la promulgation de l'E-
criture Sainte, on n'eût pas eu droit de tuër les beſtes pour ſa nourriture , & cependant elles euſſent
pû tuër l'homme : il eût donc été de pire condition.
Comme donc par droit de Nature la beſte tuë
l'homme, on tuë la beſte de meſme par droit de
Nature auſſi.

CHAPITRE
VIII.
*beſtes eſt de
droit naturel.*

LES
ELEMENS
DE LA
POLITIQVE.

CHAPITRE NEVFIESME.

*Du Droit qu'on a sur ses Enfans, & du
Royaume Patrimonial.*

I. *Que la puissançe de Pére ne vient pas de la génera-*
tion. II. *Le Domaine sur les Enfans est à qui les a le premier
en sa puissançe.* III. *Le Domaine sur les Enfans est originairement à la Mere.* IV. *L'Enfant exposé est à qui le sauue.*
V. *Le fils du Sujet & du Souuerain est au Souuerain.* VI. *En
tout commerçe d'entre homme & femme, sans que l'vn commande à l'autre, les Enfans sont à la Mere, s'il n'y a paéte au contraire, ou que la Loy Ciuile en ait disposé autrement.* VII. *Le
fils n'est pas moins sujet au Pére, que l'Esclaue au Seigneur, &
le Sujet à l'Etat.* VIII. *De l'honneur deu à ses Parens, & à
son Seigneur.* IX. *En quoy consiste la liberté & la differançe
des Sujets & des Esclaues.* X. *Le Droit sur les Esclaues est
le mesme dans le Royaume Patrimonial, que dans celuy, par*

Inſtitution. XI. *La queſtion du Droit de Succeſſion n'a lieu que dans la Monarchie.* XII. *Le Monarque peut diſpoſer par Teſtament de la Souueraineté.* XIII. *Et la donner, & la vendre* XIV. *Le Monarque qui meurt ſans teſter eſt toûjours cenſé auoir voulû pour Succeſſeur vn Monarque.* XV. *Et quelqu'vn de ſes Enfans.* XVI. *Et plûtòt Maſle que Femelle.* XVII. *Et plûtòt aiſné que cadet.* XVIII. *Et s'il n'a point d'Enfans, ſon frére plûtòt que tout autre.* XIX. *On ſuccede de meſme au Droit de Succeſſion qu'à la Souueraineté.*

Que la puiſ-
ſançe de pére
ne vient pas de
la généra-
tion.

I. OCRATE eſt homme, & par conſéquent Animal : l'argumentation eſt bonne, & tres- éuidente : en ce que pour y conoître la verité de la conſéquence, il ne faut qu'entandre ce nom l'*Homme* ; & que comme cet autre nom *Animal* entre dans la définition de l'homme, on ſupplée de ſoy-meſme la propoſition à dire, *l'Homme eſt Animal*. Cette autre illation *Sophroniſcus eſt le Pére de Socrate, & par conſéquent ſon Seigneur & Maiſtre*, eſt peut- eſtre auſſi bonne que la prémiére : mais elle n'eſt pas ſi éuidente : en ce que le nom de *Maiſtre & Seigneur* n'entre pas dans la définition de celuy de *Pére* ; & que pour la rendre éuidente il faut expliquer la liaiſon & connexion du *Pére* & du *Maiſtre*. Ceux qui iuſqu'à maintenant ont taſché d'établir *le Domaine & Seigneurie du Pére* ſur les enfans, n'ont allégué pour toute raiſon que *la generation* : comme s'il étoit éuident que ce qu'on engendre fût ſien : car c'eſt comme qui voudroit que de ce qu'on void vn Triangle on deût conoître d'abord ſes trois angles égaux à deux droits. D'ailleurs comme le droit de Domaine

& proprieté abſoluë, c'eſt à dire la puiſſançe Souueraine eſt indiuiſible, en ſorte que deux perſonnes ne
puiſſent l'auoir d'vne meſme choſe, ny *perſonne ſeruir à deux Maiſtres:* & que cependant on eſt toûjours
deux ; *le maſle & la femelle*, qui concourent à la génération : le droit de Domaine ne peut s'acquerir
par la génération ſeule. Voyons donc auec plus de
ſoin d'où vient la *puiſſançe de Pére.*

11. Il faut donc retourner à cet *Etat de Nature*,
où pour l'égalité de la Nature humaine dans tous
les hommes faits on doit les tenir tous égaux entre
eux. Or en cet Etat le vainqueur par droit de Nature
eſt *Maiſtre & Seigneur* du vaincu. Le Domaine donc
ſur l'enfant eſt & appartient par droit de Nature à
qui le prémier l'a en ſa puiſſançe. Or il eſt éuident
que l'enfant quand il vient au monde eſt plûtôt *à ſa
Mére* qu'à tout autre ; quand elle peut auec droit
l'expoſer ou l'eleuer, comme bon luy ſemblera.

111. Poſé donc qu'elle l'éléue: puis que l'Etat de
Nature eſt vn Etat de guerre, il eſt cenſé qu'elle le
fait à condition que quand il aura creu en âge & en
forçes il ne ſoit pas ſon ennemy; & c'eſt à dire à condition qu'il luy obeïſſe. Car puis que par néceſſité
de Nature chacun veut ce que bon luy ſemble, c'eſt
à dire qui luy ſemble bon, on ne peut entandre
que quelqu'vn en donnant la vie à vn autre, ait bien
voulu que cet autre deuenant fort auec le temps eût
droit d'eſtre ſon ennemy. Or dans l'Etat de Nature
on eſt ennemy de tout autre à qui l'on ne commande ny n'obeït ; & c'eſt pourquoy dans cet Etat toute

*Le Domaine
ſur les enfans
eſt à qui les a
le premier en ſa
puiſſançe.*

*Le domaine
ſur les enfans
eſt originaire-
ment à la Mé-
re.*

femme en acouchant deuient tout à la fois *Mére &*
Maiftreffe de l'enfant dont elle acouche. Car pource que d'autres ont dit, Qu'en ce cas ce n'eft pas la
mére, mais le pére, qui *pour l'excellençe du féxe* eft
Maiftre & Seigneur de l'enfant : Prémierement c'eft
contre raifon, quand l'auantage de l'homme n'eft
pas fi grand fur la femme qu'il s'en puiffe rendre
maiftre fans combat. En fecond lieu , on a veu la
coutume contre; par exemple, *des Amazones*, qui fe
conferuérent le commandement par guerres , & le
droit de difpofer de leurs enfans : Ioint que mefmes
encore à préfent les femmes regnent en beaucoup
de lieux ; au moyen dequoy elles difpofent de leurs
enfans , & non les maris : & cela *par droit de Nature :*
puis que comme i'ay fait voir , *Le Souuerain n'eft*
point tenu aux Loix Ciuiles. Ajoûtés à tout cela que
dans l'Etat de Nature on ne peut fçauoir de qui eft
l'enfant que fur le rapport de la Mére : Il eft donc à
qui elle veut : & c'eft pourquoy il eft fien. On void
donc le droit de Domaine fur l'enfant originairement *à la Mére* ; & qu'il eft vray de dire de l'homme comme de la béfte , *le fruit fuit le ventre.*

    IV. Maintenant ce droit de Domaine paffe de la
mére à autres en force façons. Car en premier lieu,
fi elle renonce à fon droit & s'en depart en *expofant*
fon fruit , celuy qui l'éléuera y aura le mefme droit
de Domaine qu'elle eût eu. Dont la raifon eft que
la Mére en expofant fon fruit luy ôte la vie qu'elle
luy auoit donnée ; (ie ne dis pas en l'engendrant ,
mais en le nourriffant ;) & qu'ainfi l'obligation cef-

fe

fe qu'il luy auroit pour ce regard. Quand donc vn
autre le *nourrit*, & le tient en fa *puiſſançe*, il eſt obligé à ce *Pére nourriçier*, prémierement en qualité de
Nourriſſon, comme il l'eûr été à ſa mere ; puis en
qualité de *Captif* & de *Sujet*, comme l'Eſclaue à ſon
Seigneur. Meſmes quoy qu'en cet Etat de Nature
où l'on a droit ſur toutes choſes, la mere puiſſe auec
droit le redemander ; il n'a pas le meſme droit de ſe
redonner à ſa mere.

v. En ſecond lieu, qui prendra la mere en guerre
s'y rendra par meſme moyen *Maiſtre* de l'enfant Car
le Seigneur d'vne perſonne l'eſt de tout ce qu'elle
a à ſoy, comme i'ay fait voir dans l'article cinquiéme du chapitre precedent. En troiſiéme lieu , ſi la
mere eſt *Sujette* d'vn Etat, le fils qu'elle aura le ſera
auſſi : puis que la mere eſt tenuë comme ſujette,
d'obeir *en toutes choſes* à l'Etat. En quatriéme lieu, ſi
la femme ſe donne à l'homme en Societé de vie, à
condition que l'homme y ſoit *Maiſtre*; l'enfant qu'-
ils auront ſera *au Pére*, pour le droit qu'il a ſur la mere. Mais ſi la Reine ayant puiſſançe à des enfans de
ſon Sujet, ils ſont à elle : puis qu'autrement elle n'en
pourroit auoir, ſauf ſa Souueraineté. En vn mot, en
toute *Vnion* d'homme & de femme, où l'vn eſt
Maiſtre de l'autre, les enfans ſont *à qui commande*.

vi. Au reſte, ſi dans l'Etat de Nature l'homme
& la femme font Societé que l'vn n'y ſoit point ſujet
à l'autre, & qu'il n'y ait point entre eux de pacte
exprés au contraire, les enfans ſont à la mere, pour
les raiſons que i'ay dites dans l'article troiſiéme.

R

Car la mere peut difpofer de fon droit, comme bon luy femblera. Et on le vit du temps des *Amazones*, qui firent ce pacte exprés auec leurs voifins, & le tindrent *De leurs renuoyer leurs enfans mâle, & fe retenir les filles.* Mais dans vn Etat ou Republique fi l'homme & la femme s'engagent par contract à viure enfemble, les enfans font *au Pére.* Car comme les Etats-&-Empires ont été établis *par les Pére & non pas les Mére-de-famille,* l'homme eft le Maiftre de la maifon : Et c'eft ce contract qu'on apelle *Mariage,* quand c'eft felon les Loix Ciuiles. Enfin s'ils contractent feulement vn concubinage, les enfans font au Pere ou à la Mere felon la Coûtume des lieux.

VII. Puis que par l'article troifiéme la mere eft originairement Maiftreffe de fes enfans, & aprés elle le pere ou autre par droit deriué : il eft éuident que les enfans ne font pas moins *fujets* de qui les nourrit & efleue, que l'Efclaue du Seigneur, & le fujet du Souuerain : & qu'ainfi le pere ne fçauroit faire *tort ou injure* à fon fils, tandis qu'il l'a fous fa puiffançe. Auffi que le fils eft affranchy & liberé de fujection par les mefmes voyes que le fujet & l'Efclaue ; puis que l'*Emancipation* eft la mefme chofe que la *Manumiffion,* & l'*abdication* mefme chofe que l'*exil.*

VIII. *Le fils émancipé* craint moins fon pere, & l'*Affranchy* fon Seigneur dépouillé de fa puiffançe. Et à vray dire *ils l'honorent moins,* fi nous y confiderons le vray honneur qui eft dans l'interieur.

Car l'honneur n'eſt autre choſe que *l'eſtat qu'on fait de la puiſſance d'autruy* : On rend donc toûjours moins d'honneur à qui a moins de puiſſance. Mais comme il n'eſt pas à croyre que le Seigneur en affranchiſſant l'Eſclaue, & le pere en emancipant ſon fils, ayent voulu ſe les rendre tellement eſgaux qu'ils fuſſent ſans reconnoiſſance du bien-fait receu, & allaſſent du pair auec eux : On doit faire eſtat que l'affranchy ſoit Eſclaue, fils-de-famille, ou colonie, promet toûjours de rendre au moins toutes les marques de reſpect par quoy l'on a accouſtumé d'honorer plus grand que ſoy. D'où il ſuit que le precepte d'honorer ſes parens eſt *de la Loy de Nature*, non-ſeulement pour la *gratitude* qu'elle ordonne, mais encore *à tiltre de Paɛte.*

IX. Quelle difference y a-t-il donc, nous pourra dire quelqu'vn entre *l'homme libre & l'Eſclaue* ? Et en effet ie ne trouue point d'autheur qui ait expliqué ce que c'eſt que la *Liberté*, & quoy *l'eſclauage ou ſeruitude.* On tient communement que la liberté conſiſte à pouuoir faire impunément tout ce qu'on voudra ; & la ſeruitude à ne pouuoir pas cela ; ce qui ne ſe peut : Quand il faut pour viure en paix des Societés Ciuiles : & que qui dit vn Etat, dit vne puiſſance à contraindre. *La liberté*, que nous la definiſſions, n'eſt rien autre choſe que *l'abſance des obſtacles au mouuement.* Par exemple, l'eau dans vn vaſe n'eſt pas libre, parce que le vaſe l'empeſche de ſe répandre : mais s'il vient à ſe

En quoy conſiſte la liberté, & la difference des ſujets & des Eſclaues.

rompre, elle eſt deliurée de cette contrainte : Ainſi
on a plus ou moins de liberté ſelon l'eſpaçe où on
ſe trouue : Ainſi le priſonnier eſt plus ou moins libre ſelon qu'il a ſa priſon plus ou moins ſpatieu-
ſe : & l'on peut eſtre libre vers quelque part, ſans
l'eſtre vers autre-part. comme on void du voya-
geur qui ſe trouue à droit & à gauche des mon-
joyes de pierres, & des hayes qui l'empeſchent
d'entrer dans la vigne & dans les bleds d'alantour.
Quant à ces empéchemens ils le ſont *abſolûment*,
comme on void, & au dehors, & à parler de tels
que cela, tout Eſclaue & ſujet eſt libre, qu'on ne
tient ny en priſon ny à la chaiſne. Mais il y en a
d'autres qui dépandent *du bon plaiſir*, & qui n'empéchent pas abſolument qu'on ne ſe meuue, mais
ſeulement par accident, & par nôtre choix.. Par
exemple, le paſſager *peut ſe jetter* du nauire dans
la mer s'il *peut le vouloir* : Et en ceux-cy comme
aux autres on compte plus ou moins de liberté,
ſelon qu'on a plus ou moins d'endrois à aller. Or
c'eſt en cela que conſiſte la *Liberté Ciuile*. Et de
vray qu'on ſoit *ſujet, fils de famille, ou Eſclaue* : l'Etat,
le Pére, & le Maiſtre quelques rigoureux qu'ils
ſoient à defandre certaines choſes ſous grandes
peines, n'empéchent point qu'on ne faſſe toutes
les choſes néceſſaires pour ſe conſeruer la vie, &
le corps en ſanté. Ie ne trouue donc pas que l'Eſclaue ait ſujet de ſe plaindre de ce qu'il eſt ſans
liberté : ſinon qu'il trouue vn grand mal qu'on
l'empeſche de ſe faire du mal ſoy-meſme ; & qu'-

après sa vie sauuē, qu'il auoit perduē par le sort
des armes, ou par lascheté, on luy donne encore
les alimens, & ses autres nécessités à condition qu'il
se laisse gouuerner. Car celuy qu'on empéche seulement par la crainte de quelque peine de faire tout
ce qu'il voudroit, n'est pas opprimé par la seruitude, mais regy & sustanté : Or en tout Etat & famille où il y a des Esclaues, les *Sujets libres*, y ont
cet auantage qu'ils sont reçeus aux charges publiques, & peuuent estre Ministres d'Etat ; & les *fils-
de-famille* qu'ils y ont les plus honétes emplois aux
affaires domestiques, & mesmement à eux en propre plus de choses superfluës. C'est donc là la difference du sujet libre & de l'Esclaue, que le Sujet
libre ne sert & n'est sujet *qu'à l'Etat*, au lieu que
l'Esclaue sert & est sujet *à l'Etat & à quelque autre sujet*. Toute autre liberté que cela est d'estre
exempt des Loix Ciuiles, & n'apartient qu'au Souuerain.

x. *Le Pére de famille, ses enfans, & ses Esclaues*,
tous vnis en vne personne ciuile, en vertu de la
puissançe de pere, s'apellent *vne famille* : Que si
par enfans suruenans, & qu'on s'y soit fait d'autres
Esclaues, elle deuient si nombreuse qu'elle ne puisse estre subjuguée sans vn combat douteux, on l'ap-
pellera *vn Royaume patrimonial*. Or ce Royaume
acquis par forçe, quoy qu'il differe en origine de
la Monarchie, & pour la façon qu'il s'établit, a
neanmoins toutes les mesmes proprietés des qu'-
vne fois il est étably ; & le droit de Souuerain y est

Le droit sur les Esclaues est le mesme dans le Royaume patrimonial, que dans celuy par Institu-tion.

Chapitre
IX.

*La question
du droit de
succession n'a
lieu que dans
la Monarchie.*

le mesme : & ainsi il n'est point besoin d'en parler séparement.

x i. I'ay dit par quel droit les Etats & Empires se font *établis.* Il faut voir maintenant par quel droit ils se *continuent*, qui est celuy qu'on apelle le *Droit de succession.* Or puis que dans la Démocratie le peuple est le Souuerain : & que tandis que les sujets font vnis, c'est toûjours le mesme peuple : c'est aussi toûjours la mesme personne, & qui par consequent est sans successeur. Et de mesme dans l'Aristocratie, puis que l'vn des Seigneurs venant à mourir, les autres en mettent vn de nouueau en sa place : on void que s'ils ne défaillent tous à la fois (ce que ie suppose qui n'arriue point) l'Etat y est sans succession. La question donc du Droit de succession n'a lieu *que dans la Monarchie*, & mesmement ou le Monarque est Souuerain absolu ; car en celles de Monarques pour vn temps, tels Monarques ne font à vray dire que premiers Ministres d'Etat.

Le Monarque peut disposer par testament de la Souueraineté.

x i i. Or en premier lieu, si le Monarque s'instituë vn *Successeur par Testament*, l'institué succedera. Car de ce que le Monarque est étably par le peuple, il a en toutes choses autant de droit que le peuple : comme i'ay fait voir dans l'article onziéme du chapitre sétiéme ; mais le peuple l'a pû élire auec droit : il peut donc auec autant de droit en élire vn autre. Et puis que les droits font les mesmes dans le *Royaume patrimonial* que dans celuy *par institution* ; On void que *tout Monarque peut se nommer vn successeur* par Testament.

XIII. Mais on ne peut disposer de rien par testament qu'on ne puisse auec mesme droit le donner de son viuant, ou le vendre : Si donc le Monarque transporte son droit de regner, soit par vente, ou en pur don, il le transporte auec justice.

XIV. Mais s'il n'a declaré sa volonté pendant sa vie, ny par Testament, ny en autre façon, il est censé en premier lieu n'auoir pas voulu que l'Etat retombât dans l'Anarchie, ou Etat de guerre de tout sujet contre tout autre, qui seroit la ruine de ses sujets, & cela par deux raisons. La premiere, qu'il ne l'a pû sans violer les Loix de Nature, qui l'obligeoient quant au fore intérieur de pouruoir à toutes les choses necessaires à la paix : La seconde, que s'il l'eût voulu, il luy eût eté aisé de le declarer. Puis comme le droit se transmet selon la volonté du pere, on doit juger de son successeur par les signes de sa volonté : Il est donc censé que le Monarque a voulu que ses Sujets vécussent plutôt sous le gouuernement *Monarchique*, que sous autre : puis que de ce qu'il a regné il a approuué par son propre exemple cette forme de gouuernement ; & n'a rien fait ou dit depuis, par quoy on puisse juger qu'il l'ait improuuée.

XV. Au reste, puis que par necessité de Nature on ayme mieux laisser son bien à celuy dont il reuient le plus d'honneur & de gloire : & qu'il en reuient le plus de ce qu'on laisse en authorité ses enfans aprés sa mort : Il est à croyre que le pere

veut plus de bien à ſes enfans, qu'à tout autre. Il
eſt donc cenſé que ſa volonté quand il meurt ſans
teſtament, eſt d'auoir pour ſucceſſeur *vn de ſes
enfans* : Pourueu toutefois qu'il n'y ait point de ſignes plus euidens au contraire, comme pourroit
eſtre la Couſtume aprés pluſieurs ſucceſſions. Car
il eſt cenſé que celuy qui ne diſpoſe point expreſſement de ſa ſucceſſion s'en rapporte à la Coûtume.

*Et plûtòt mâ-
le que femelle.* XVI. Parmy les enfans on prefere *les mâles* aux
filles : peut-eſtre parce que pour l'ordinaire ils
ſont plus propres aux grandes choſes, ſur tout à
faire la guerre, car cela n'arriue pas toufiours : Puis
auſſi quand la Couſtume y eſt, à cauſe que ce n'eſt
pas contre la Couſtume : & c'eſt pourquoy on
doit expliquer en leur faueur la volonté du pere, ſi la Coûtume n'eſt contre, ou quelque ſigne
plus éuident.

*Et plûtòt aiſ-
né que cadet.* XVII. Et puis que les enfans ſont égaux, &
qu'on ne ſçauroit partager la Royauté, c'eſt à
l'aiſné de ſucceder. Car s'il y a quelque difference c'eſt pour l'âge : le plus âgé donc eſt celuy qui
le mérite le mieux. De vray à prendre *la Nature*
pour *Iuge* de ce different, celuy qui a le plus d'années a auſſi le plus de prudence ; (car cela eſt pour
l'ordinaire) & l'on n'y void point d'autre Iuge que
la Nature. Auſſi poſé qu'on deût tenir égaux tous
les freres, il faut *tirer au ſort* à qui aura la ſucceſſion : Mais *la Primogeniture eſt le ſort Naturel*, &
elle le donne à *l'aiſné* ; Et perſonne n'a droit de
juger

juger s'il faut vuider ce différent par cette espe·
çe de sort, ou par autre : La succession apartient
donc à l'aisné. Or ce que ie dis de l'aisné des mâ·
les , se doit entendre aussi comme on void de
l'aisnée des filles , quand les raisons y sont les
mesmes.

   XVIII Mais s'il n'y a point d'enfans, par la mesme raison qu'ils succederoient , c'est aux freres ou
aux seurs à succeder : Car les plus proches de sang
le sont censés de bienueillançe; & plus les freres
que les seurs ; & les aisnés que les cadets : la rai·
son y étant la mesme que pour les enfans.

   XIX. Enfin par la mesme raison qu'on succéde *la Royauté* on succéde aussi *au Droit de succes·
sion*. Car si le fils aisné meurt auant son pere , il
sera censé auoir transmis à ses enfans son droit
de succession, sinon que l'ayeul en eût disposé au·
trement. C'est pourquoy les neueus & les nieçes
succederont plûtôt que leurs oncles. Tout cela
s'obserue , dis-ie , si la Coûtume n'est contre ; &
il est censé que le pere y consent, s'il n'y contredit.

LES
ELEMENS
DE LA
POLITIQVE.

CHAPITRE DIXIESME.

Comparaiſon des trois eſpeçes de Gouuerne-
ment pour les incommodités qui ſe ren-
contrent en chacune.

I. *Comparaiſon de l'Etat de Nature auec l'Etat Ciuil.* II. *Le Souuerain & les Sujets ont les meſmes commodités, & les meſmes incommodités.* III. *Elôge de la Monarchie.* IV. *Qu'il n'eſt pas contre l'équité qu'vn ſeul ait plus de pouuoir que tout le reſte.* V. *L'opinion rejettée de ceux qui tienent que le Seigneur auec ſes Eſclaues ne ſoit pas vn Etat.* VI. *Que les impoſts ſont plus grands ſous vn peuple, que ſous vn Monarque.* VII. *Que les Sujets innocens ſont moins ſujets à punition ſous vn Monarque que ſous vn peuple.* VIII. *Que la liberté des particuliers n'eſt pas moindre ſous le Monarque.* IX. *Qu'il ne doit point faſcher au particulier de n'eſtre point admis aux délibérations publiques.* X. *Qu'il n'eſt pas bon de commettre à de grandes Aſſamblées qu'on y délibére d'affaires d'Etat, parce que les hommes ſont ignorans pour*

S ij

CHAPITRE
X.

Comparaison I.
de l'Etat de
Nature *auec*
l'Etat Ciuil.

'Ay fait voir ce que c'est que *la Démo-*
cratie, l'Aristocratie, & la Monarchie:
Maintenant pour juger laquelle des
trois est la plus propre à tenir les
hommes en paix, & leur procurer
les commodités de la vie, il faut les comparer entre
elles. Mais voyons premierement en general quelles
sont les commodités, & les incommoditez de l'Etat,
qu'on ne s'aille pas imaginer qu'il vaudroit mieux viure chacun à sa phantaisie. Hors de la Société Ciuile *la liberté est entiére*, mais *infructueuse;* & comme
vn-chacun pour la liberté qu'il a *fait* tout ce qu'il
veut; aussi pour la liberté des autres, il *souffre* tout
ce qu'ils *veulent:* Mais dans l'Etat & Société Ciuile chaque sujet se reserue ce qu'il faut de liberté pour
bien viure & en repos; & les autres en perdent ce
qu'il faut, afin de n'estre pas à craindre. Hors de
l'Etat Ciuil, tout homme a droit sur toutes choses,
mais il ne peut jouïr *de rien:* & dans l'Etat on jouit
seurement *d'vn droit limité.* Hors la Société Ciuile
on peut auec droit estre dépoüillé de ses biens, &

tüé, *par le premier venu* : Dans l'Etat rien que par
vn seul. Hors de la Societé Ciuile on n'a pour sa
deffençe *que ses propres forçes* : & dans l'Etat celles
de tous: Hors de l'Etat nul *ne peut s'assurer* de profiter de son induftrie : Dans l'Etat il n'y a perfonne
qui n'en puifle eftre *assuré.* Enfin hors de l'Etat Ciuil c'eft l'Empire des Paffions, la Guerre, la Crainte,
la Pauureté, la Mifere, la Solitude, la Barbarie, l'Ignorançe , la Ferocité : Et dans l'Etat Ciuil on void
l'Empire de la Raifon , la Paix , la Securité , les Ri-
cheffes, la Propreté, la Societé , l'Air-galand , les
Sciençes , la Bien-veillance.

11. Ariftote dans fa Politique au fétiéme liure,
au chapitre quatorziéme, dit, Qu'il y a deux genres
de gouuernemens, l'vn, *au profit du Souuerain,* l'autre,
à celuy *des Sujets ;* comme fi les differentes efpeces
d'Etat venoient de ce qu'on traite fes fujets auec
plus ou moins de rigueur: ce qu'il ne faut pas luy accorder. En effet toutes les commoditez & les incommoditez qui vienent de la forme du gouuernement
font toutes les mefmes pour le Souuerain que pour
les fujets. Tout ce qu'il arriue de mal au fujet par
malheur, pour fa fottife, par negligence, par pareffe,
& pour fes débauches peut eftre feparé des incommoditez du Souuerain : Mais ces maux ne vienent
pas de la forme du gouuernement , puis qu'ils peû-
uent arriuer en toute efpece d'Etat. Si telles incommoditez venoient de l'eftabliffement de l'Etat, on
pourroit les attribuër au gouuernement: Mais en ce
cas elles le feroient auffi bien pour le Souuerain,

*Le Souue-
rain & les Su-
jets ont les mef-
mes commodi-
tés, & les mef-
mes incommo-
dités.*

que pour les Sujets : de mesme que les commoditez
qui en reuienent leur sont communes. De vray &
en premier lieu, on void qu'ils ont également la premiere & la plus grande des commoditez qui est *la
Paix, & la Deffence :* Puis que tant le Souuerain que
le Sujet se sert à cela *des forces vnies* de tous les Sujets ensamble. Et le malheur le plus grand qui puisse arriuer à vn Etat, qui est vn massacre venant de
l'Anarchie où l'Etat peut retomber, menace autant
le Souuerain que qui que ce soit des Sujets. En second lieu, si le Souuerain leue de si grandes sommes sur ses Sujets, qu'ils n'ayent pas dequoy s'entretenir, & leurs familles, & se conseruer en santé ,
ce n'est pas moins à son dommage qu'au leur: Puis
que quelques richesses qu'il ait, il ne peut sans l'aide & le corps de ses Sujets se conseruer son Etat & ses
richesses. Et quand il n'exige que ce qu'il faut pour
le gouuernement de l'Etat, c'est aussi bien pour la
commodité des Sujets que pour la sienne , qui vi-
uront en paix entre eux, & se deffendront de concert. Et on ne peut s'imaginer que les richesses de
l'*Epargne* du Souuerain , qui est le *Thréfor public*,
incommodent les particuliers , pourueu qu'ils ne
soient pas épuisés d'argent, iusqu'à ne pouuoir s'acquerir par leur industrie les choses necessaires à se
conseruer le corps & l'esprit en vigueur: car cela
estant , le Souuerain se sentiroit de ce des-ordre, qui
ne viendroit pas de *la mauuaise institution* de l'Etat:
(puis qu'en tout Etat le Sujet peut estre opprimé:)
mais de la *mauuaise conduite* de l'Etat bien étably:

III. Or que des trois especes d'Etat que i'ay dit,
la Democratie, l'Aristocratie, & la Monarchie, celle-cy soit *la meilleure*, il le faut prouuer en comparant
les commoditez & les incommoditez de chacune.
Ce donc qu'on allegue, que l'Vniuers est regy par
vn seul Dieu; Que les Anciens prefererent l'Etat
Monarchique aux autres, faisans *Iuppiter* Roy des
Dieux; Qu'au commancement des Nations la volonté des Princes fit *toutes les Loix*; Que l'*Empire
paternel* instituë de Dieu dans la creation du Monde est Monarchique; Que les autres espeçes de gouuernement ont esté bâties depuis * par l'artifiçe des
hommes *du débris des Monarchies*, arriué par seditions & guerres ciuiles : & que le peuple de Dieu vécut *sous la puissançe des Rois* : quoy que tout cela
soit à l'honneur de la Monarchie; toutefois comme
c'est par exemples seulement & par authoritez, &
non par raison, ie le passeray sous silençe.

IV. On trouue certaines gens à qui le gouuernement d'*vn seul homme* n'agrée pas, pour cela mesmes qu'il l'est d'*vn seul*: comme s'il n'étoit pas iuste
qu'*vn seul* hóme d'entre *tant* d'hommes eût tant de
puissançe, que de pouuoir faire de tous les autres à
son bon-plaisir. Ces gens là voudroient, ce semble, se
tirer de mesme s'il se pouuoit de leur Etat de Sujets
à *vn seul Dieu*. Mais c'est par enuie ce qu'ils disent
de cét *vn seul*, qu'ils voyent qui à *seul*, ce que voudroient tous les autres : Auec autant de raison
croyroient-ils aussi peu iuste qu'*vn petit nombre*
d'hommes gouuernât les autres, s'ils n'étoient de ce

CHAPITRE
X.
*Elbge de la
Monarchie.*

* *Voyés les
Remarques.*

*Qu'il n'est pas
contre l'équité
qu'vn seul ait
plus de pouuoir
que tout le re-
ste.*

petit nôbte, ou qu'ils n'esperaſſent d'en eſtre. Car s'il
eſt iniuſte qu'on n'ait pas autant de droit les vns que
les autres, l'Ariſtocratie eſt vn gouuernemét iniuſte:
Puis donc que i'ay démontré que l'Etat d'égalité eſt
l'Etat de la guerre de tout homme contre tout autre; & que c'eſt pour cela meſmes que tout d'vn
commun aduis on a introduit l'inégalité: cette inégalité n'eſt pas iniuſte, par laquelle ſi quelqu'vn a
plus que les autres, c'eſt que les autres le luy ont
donné. Les inconueniens donc qui vienent de ce
qu'vn homme regne ſeul ne vienent pas de *l'vnité*,
mais de *l'homme*. Voyons donc quel gouuernement
eſt le plus incommode aux Sujets, celuy *de l'homme ou des hommes.*

*L'opinion re-
jettèe de ceux
qui tienent que
le Seigneur
auec ſes Eſ-
claues ne ſoit
pas vn Etat.*

v. Mais il faut reietter plûtôt ce que diſent quelques-vns, *Qu'vn Seigneur & ſes Eſclaues* en quelque
nombre qu'ils ſoient ne faſſent pas *vn Etat.* Dans
l'article neuuiéme du chapitre cinquiéme i'ay deſiny
*Que l'Etat eſt vne perſonne compoſée de beaucoup de
gens, qui par leurs paëtes mutuels ont fait qu'on d'eût
prendre la volonté de cette perſonne pour leur volonté
d'eux tous, Au moyen dequoy elle ait droit d'vſer & de
ſe ſeruir comme bon luy ſemblera de la forçe & des facultés
de chacun d'eux, pour les faire viure en paix, & pour
leur deffançe commune:* Et par le meſme article, quand
les volontés de diuers particuliers ſont contenuës
ſous la volonté *d'vn ſeul,* c'eſt *vne perſonne* : Mais
la volonté de tout Eſclaue eſt contenuë dans celle
de ſon Seigneur; ainſi que i'ay demontré dans l'article cinquiéme du chapitre huitiéme; & pour cela
meſmes

mefmes le Seigneur fe peut feruir comme il voudra
de la forçe & des facultés d'vn chacun de fes Efclaues : c'eft donc vn Etat que cela. Aprés tout on ne
fçauroit rien dire contre , qui ne foit autant contre
l'Etat du Pere & de fes enfans : car les Efclaues
tienent lieu d'enfans au Seigneur qui n'en a point;
ils ne font pas moins fon honneur & fa deffençe; &
ne luy font pas moins, fujets que le fils au pere,
ainfi que i'ay demontré dans l'article cinquiéme du
chapitre huitiéme.

v i. Vne des incommoditez qui vienent de l'authorité Souueraine eft que qui commande *peut fi*
bon luy femble exiger de fes Sujets *au delà* de ce
qu'il faut pour les defpenfes publiques; ie veux dire
au delà de ce qu'il faut pour l'entretien & les gages
des Miniftres & Officiers, pour conftruire des pla-
ços fortes, & y tenir garnifon pour faire la guerre, &
pour fa Maifon ; & qu'il exige ces fommes pour enrichir fes enfans, fes proches parens, fes Fauoris &
fes flatteurs. Il faut aduouër que cet inconuenient
eft grand : mais il eft de ceux qu'on trouue en toute
efpeçe d'Etat; & il eft plus aifé à fupporter dans la Monarchie que dans la Démocratie. Car que le Monarque veuille enrichir tous ces gens-là : ils font en petit nombre, quand ce n'eft rien que les fiens. Mais
dans la Démocratie autant qu'il y a de ces gens qu'on
apelloit *Démagôgues*,qui veut dire Harangueurs,puif-
fans fur l'efprit du peuple. (Or ils font toûjours en
grand nombre , & il en vient tous les iours:) autant
y a t-il de gens voulans enrichir leurs enfans, leurs

Que les im-
pofts font plus
grands fous vn
peuple *que*
fous vn Mo-
narque.

CHAPITRE
X.

T

proches parens, leurs amis & leurs flatteurs. Car non
seulement ils veulent faire leur maison pour se rendre d'autant plus puissans & considerables : mais
encore pour cela mesmes ils se font des créatures. Le
Monarque s'il pouruoit ses Ministres & Fauoris des
principales Charges, tant pour la Paix que pour la
Guerre, comme ils sont en petit nombre, peut les
enrichir sans que les autres s'en sentent : Mais dans
la Démocratie où sont tant de gens affamés, & tous
les iours de nouueaux, cela ne se peut qu'on n'y foule le Sujet. Le Monarque s'il peut donner tous emplois à qui le merite le moins, ne le veut que rarement : Mais dans la Démocratie tous les Orateurs
du peuple sont censez le vouloir toûjours, puis qu'il
leur est expédient. En effet qu'vn d'eux le fit sans que
les autres le fissent, il se rendroit si puissant, qu'il
pourroit donner jalousie à tous les autres & au peuple.

VII. Vne autre chose incommode de la puissançe
Souueraine, est cette crainte perpétuelle de mort où
on doit estre quand on vient à considerer que le
Souuerain peut non seulement établir toutes peines
contre tout crime, mais mesmes faire égorger de
colere, & par capriçe ses bons & fidelles Sujets, &
qui auront gardé ses Loix. Et certes l'inconuenient
est grand en toute espeçe d'Etat, quand il se pratique ainsi : car c'est vn inconuenient, parce seulement qu'il se fait, & non parce qu'il se peut. Mais la
faute est *de qui gouuerne*, & non *du gouuernement* :
car tout ce qu'a fait *Néron* n'est pas essentiel à la

Monarchie. Et toutefois les Sujets font moins fouuent condamnés fans l'auoir merité fous le regne
d'vn Monarque que d'vn Peuple. Car vn Roy ne
peut s'emporter que contre qui l'importune deCon-
feils à contre-temps, ou l'offançe de parole, & luy
témoigne de la mauuaife volonté : Mais cependant
il empefche que fes Sujets qui ont le plus de pouuoir ne faffent de mal aux autres. Qu'on ait donc
pour Roy *vn Néron*, ou vn tel homme que *Caligula*:
perfonne n'en peut fouffrir fans le meriter, que ceux
qui luy font connus, c'eft à dire les gens de la Cour;
Encore n'eft-ce pas tous, mais feulement ceux qui
ont ce qu'il a enuie d'auoir : car quant à ceux qui le
fafchent ou l'offançent comment que ce foit, ils font
punis auec juftiçe. Dans la Monarchie donc qui veut
cacher fa vie eft en feureté, quelque Monarque qui
regne ; le feul Ambitieux s'expofe ; les autres font
à couuert des injures de plus grand qu'eux. Mais où
le peuple gouuerne: on peut voir *autant de Nérons
que de Harangueurs* ; le moindre de ces gens-là peut
autant que tout le peuple ; & on les void fauuer chacun à fon tour des gens qui par ambition ou haine
particuliere auront fait perir leurs Concitoyens ,
comme par ce pacte tacite entre eux, *Laiffe moy faire
auiourd'huy, ie te laiffe faire demain.* D'ailleurs la puiffance du fimple particulier a fes bornes, au delà dequoy elle nuiroit à l'Etat: Et c'eft pourquoy le Monarque fe trouue contraint quelque-fois à pouruoir
que l'Etat n'en fouffre point. On a donc vû les Monarques ôter de cette puiffance, en ôtant des biens

& richeſſes, quand elle venoit de là ; & ſe defaire de
quelque Sujet pour auoir gagné le peuple : mais cela ſe fait auſſi fort ſouuent dans les Républiques.
Car on exiloit *par Oſtraciſme à Athénes*, ceux qui
auoient le plus de pouuoir, ſeulement pour le pouuoir qu'ils auoient ; & *à Rome* on faiſoit mourir comme affectans d'eſtre Rois, ceux qui captoient par
bien faits la bien veillance du peuple. La Démocratie donc & la Monarchie ſont pareilles en cela :
& ſi leur réputation a eſté ſi differente, c'eſt que *la*
réputation vient du peuple ; & que baucoup de gens
louënt ce que font beaucoup de gens. Ainſi tel Monarque fera telle choſe qu'on dira que c'eſt *parenuie*,
que ſi vne République le faiſoit on diroit que ce
ſeroit *Politique*.

VIII. Quelques gens tienent la Monarchie plus
incommode que la Démocratie, en ce, diſent ils,
qu'on y a *moins de liberté*. Si par la liberté ils entandent qu'on ſoit exempt de toute ſujetion aux Loix,
c'eſt à dire aux commandemens du Peuple, il n'y a
point du tout de liberté ny dans la Démocratie, ny
dans aucune autre eſpeçe d'Etat. Que s'ils mettent
la liberté en ce qu'il y ait moins de Loix, & moins
de choſes déffanduës, telles que ne l'étant pas il n'y
auroit point de paix : En ce cas ie leur nie qu'il y ait
plus de liberté dans la Démocratie que dans la Monarchie ; quand de vray la Monarchie n'eſt pas plus
incompatible auec cette liberté. Car pour auoir mis
aux portes & aux baſtions des villes de grandes in-
ſcriptions, en gros caracteres, où l'on voye *Liberté*.

Ce n'eſt pas de la liberté *du particulier* , mais *du pu-blic* ; & l'inſcription en ſera la meſme *pour toute ſor-te d'Etats.* Mais quand les particuliers , ie veux dire les Sujets, crient liberté , ſous ce nom de liberté, c'eſt le Droit de Seigneur & de Maiſtre qu'ils demandent ; ce n'eſt rien qu'ignorançe , s'ils ne s'en aperçoiuent pas. En effet que chacun accorde à tout autre (ſelon le précepte de la loy de Nature) la meſme liberté qu'il voudroit pour ſoy , voila l'Etat de Nature ; les voila dans cette confuſion , laquelle s'ils y ſongeoient ils rejetteroient ſans doute comme plus mauuaiſe que toute ſujettion ciuile. Mais auſſi qu'on demande d'eſtre libre , & que tous les autres ſoient obligez , que demande-t-on ; ſi ce n'eſt d'eſtre leur Maiſtre ? Car n'étant pas attaché on eſt Maiſtre de qui l'eſt , en quelque nombre que ce ſoit. La liberté des Sujets n'eſt donc pas plus grande dans l'Etat populaire que dans la Monarchique. Ce qui impoſe & donne à croire le contraire , eſt qu'on participe également aux Charges publiques, & à la Souuerai-neté. Car où le peule eſt Souuerain, les Sujets par-ticipent à la Souueraineté, en tant que parties du peuple : & quant aux charges & emplois, ils y par-ticipent également , en ce que leurs ſuffrages ſont égaux pour l'eſlection des Magiſtrats, & des Mini-ſtres publics. C'eſt ce que veut dire *Ariſtote*, quand il prend comme les autres, & comme on parloit alors *la Liberté* pour *la Souueraineté :* Car on void ces pro-pres termes au chapitre ſecond du ſixiéme liure de ſa Politique : *On ſuppoſe que la liberté ſe trouue dans*

T iij

*l'Etat Populaire ; ce qu'on dit communement , comme si
hors de cet Etat , il n'y auoit personne de libre.* D'où l'on
peut tirer en passant que les Sujets qui déplorent
dans la Monarchie leur liberté perduë, n'ont d'autre mal de cœur que de n'estre pas appellés au gouuernement de l'Etat.

IX. Mais peut-estre pour cela mesmes quelqu'vn
nous viendra-t-il dire que l'Etat populaire doit l'emporter de bien loin sur le Monarchique , que tous y
étans apellés aux affaires d'Etat , on puisse montrer
en public sa prudençe, son sçauoir , & son eloquençe aux grandes deliberations , d'affaires difficiles &
de consequence ; ce qui pour le desir naturel de
gloire , est la chose du monde la plus touchante à
tout hôme ayant en effet, ou qui croit auoir ces vertus en vn degré éminent : au lieu que dans la Monarchie ce chemin à la gloire & aux emplois est fermé à
la plus-part des habiles gens : Et qu'y a-t-il d'incommode si cela ne l'est? Ie le diray. Voir l'aduis de
Tel que vous n'estimez pas trop , preferé au vostre ;
Vous voir mesprisé en face auec toute vostre Sagesse ; Estre asseuré de vous faire des ennemis dans vn
combat douteux de vaine-gloire, (car on ne sçauroit
l'éuiter, soit qu'on vainque ou qu'on soit vaincu ;)
haïr , & estre haÿ pour les differens aduis ; Faire con-
noître à tout le monde sans besoin & sans profit ce
que vous auez dans l'ame , negliger vos propres affaires , ce sont là de vrayes incommoditez. Mais ne
vous trouuer pas à vous picquer d'esprit , quelque
plaisir qu'on y ait, quand on est beau parleur,ce n'est

rien de fort incommode , fi nous ne difons auffi qu'il
eft bien fafcheux à l'homme de cœur qu'on l'empefche de fe battre pour plaifir.

x. D'ailleurs forçe chofes empefchent qu'on ne
prene de fi bonnes refolutions dans vne grande Affamblée , que quand on eft peu de gens à deliberer:
Dont l'vne eft que pour deliberer iufte de toutes
les chofes neceffaires à la conferuation de l'Etat;
il faut fçauoir les affaires non feulement du dedans,
mais du dehors : Du dedans, comme par exemple
dequoy on vit dans l'Etat; Quelles font les chofes neceffaires à fa deffançe , & d'où on les tire , en quels
lieux mettre garnifon, d'où leuer foldats; dequoy les
faire fubfifter; Quels fentimens on y a du Souuerain,
& des Miniftres d'Etat , & autres chofes femblables :
Du dehors; comme de fçauoir ce que peut tout Etat
vofin ; En quoy confifte fa puiffançe; Quel bien ,
quel mal il nous fait ; Qu'eft ce qu'on y penfe de
nous ; comment on y vit; & quelles refolutions on y
prend de iour à autre. Quand donc il faut fçauoir
tout cela : & que non feulement la plus-part ne le
fçauent pas , mais mefmes en font incapables , que
peuuent-ils faire en grand nombre que feruir d'em-
péchement aux bonnes refolutions.

x i. Vne autre caufe de ce qu'vne grande Affamblée eft moins propre à déliberer, Eft que pour s'y
rendre agréable & acquerir de l'eftime, on doit faire
de beaux difcours auec beaucoup d'éloquençe,
quand on donne fon fuffrage. Or c'eft le propre
de l'éloquence de faire paroiftre le bien & le mal

CHAPITRE X.

l'vtile & l'inutile, l'honneſte & le des-honneſte, plus grand ou plus petit, *que le Naturel* ; & de faire paſſer pour iuſte ce qui ne l'eſt pas, ſelon qu'on y a intereſt : Car c'eſt *perſuader* que cela : Et combien qu'on y raiſonne, ce n'eſt pas ſur de bons principes, mais ſeulement ſur quelques opinions, qui pour étre généralement reçeuës ne laiſſont pas d'eſtre fauſſes : Ioint que ce n'eſt pas à la Nature des choſes, mais à ſa paſſion qu'on fait venir ſon diſcours : De là vient que les aduis ne ſe forment point par raiſon, mais par capriçe : & ce n'eſt pas la faute de l'Orateur, mais de l'Eloquençe : en ce que , comme ils aduouënt , elle a pour fin *la victoire* , & iamais *la verité* , ſi ce n'eſt par accident quand il ſe rencontre ; & *perſuade* ſeulement, ſans faire métier *d'enſeigner*.

Auſſi pour les factions.

XII. La troiſiéme cauſe qu'on délibére moins vtilement dans vne grande Aſſamblée , eſt que de là vienent les factions dans l'Etat , & des factions la ſédition & la guerre ciuile. Car quand deux Orateurs égaux ſe ſont trouués d'aduis contraires , le vaincu prénd en haïne le vainqueur, & tous les gens de meſme aduis , comme ayans mépriſe le ſien : Il s'étudie donc à faire reüſſir les choſes à contre pied, fût-ce contre le bien public , voyant que c'eſt ie moyen de récouurer ſon honneur, & l'ôter à ſon Aduerſaire. D'ailleurs quand les Suffrages ne ſont pas tant inégaux qu'il ne reſte aux vaincus quelque eſperançe de vaincre en gagnant quelques aduis, les principaux apellent les autres à déliberer entre eux, comment abroger le décret donné. Ils ſont

partie

partie de se trouuer les premiers, & en grand nombre à la premiere Assamblée; s'accordent de ce que chacun y dira, & le quantiéme il parlera : qu'ayant fait reuoir l'affaire, ce qui auoit passé par pluralité d'aduis contraires soit reuoqué dans l'absence des moins soigneux de l'autre party. Et C'est là le soin & l'industrie *à faire le peuple* qu'on apelle *vne faction*. Que si la faction de moins de suffrages se trouue auec le plus de forçe, ou qu'elle ne soit pas de beaucoup plus foible : ils entreprenent par forçe, ce qu'ils n'ont pû par adresse, & auec leur eloquençe; Et voilà la guerre ciuile. Mais cela dira quelqu'vn n'arriue pas nécessairement, ny souuent : Il pourroit dire de mesme que ceux qui haranguent le peuple ne sont pas nécessairement désireux de gloire ; & qu'aux grandes affaires les grands Orateurs ne sont pas souuent de contraire aduis.

x i i i. Il suit de tout cela, Que quand ces Assamblées ont le pouuoir absolû de faire les Loix, les Loix y sont incertaines; & que ce n'est pas selon les affaires, ou selon qu'on y change d'aduis, mais selon qu'il vient à l'Assamblée plus ou moins de factieux de part que d'autre. Les Loix donc, pour ainsi dire, y flottent çà & là, comme on verroit d'vn petit vaisseau sur les ondes qui flotteroit au gré du vent.

Et pour l'instabilité des Loix.

x i v. En quatriéme lieu, l'inconuenient est grand aux délibérations des grandes Assamblées, Que les desseins de la République (qu'il importe presque toûjours de tenir secrets) sont plûtôt éuantés &

Et pour le défaut de Secret.

connus de l'ennemy, qu'on ne les puiſſe effectuer:
Ainſi l'Etranger connoît auſſi bien que le peuple
meſme ce qu'il peut, ce qu'il ne peut, & ce qu'il
veut, ou ne veut pas.

*Que la Dé-
mocratie eſt ſu-
jette à ces in-
conueniens,
parce que na-
turellement on
ſe plait à faire
voir qu'on a de
l'eſprit.*

XV. Ces inconueniens qu'on trouue aux délibérations des grandes Aſſamblées, font voir la Démocratie auſſi loin derriere la Monarchie, qu'on y
donne plus ſouuent les grandes affaires à diſcuter, à
de telles Aſſamblées; & qu'on ne peut faire autrement. Car il n'y a point de raiſon de vacquer plus
volontiers aux affaires d'Etat qu'aux ſienes propres,
ſinon que par ſon Eloquençe on peut s'y mettre en
eſtime d'homme d'eſprit & de bon ſens; & qu'étant
de retour chez ſoy, on triomphe parmy ſes amis,
auec ſa femme & ſes enfans, de ce qu'on a reüſſi.
Ainſi on dit que toute la joye de *Marcus Coriolanus*,
pour ſes grandes actions étoit de voir ſa mere rauie
de les entandre. Que ſi dans la Démocratie le peuple déferoit à *vn ſeul homme*, ou *à peu* de gens le
droit de déliberer de la guerre, & de la paix, & des
Loix à faire; & qu'il ſe contantât de nommer les
Magiſtrats, & les Miniſtres publics: En vn mot s'il ſe
contantoit *de la puiſſançe ſans Miniſtére*: il faut ad-
uoüer qu'en ce cas la Démocratie & la Monarchie
ſeroient *égales* pour ce regard.

*Incommodités
venans à l'Etat
de la Minorité
du Roy.*

XVI. Auſſi les commoditez & les incommoditez
qu'on trouue plus grandes en vne eſpeçe d'Etat
qu'aux autres ne vienent pas qu'il ſont mieux de con-
fier à vn homme ſeul qu'à pluſieurs, ou au contraire
à beaucop de gens qu'à peu, l'authorité Souueraine:

mais feulement la conduite des affaires. En effet *l'au-*
thorité Souueraine n'eft que *la Puiffançe* ; & *l'Admi-*
niftration eft *l'Acte* du Gouuernement. Or la puiffançe eft égale en toutes efpeçes d'Etat; & les Actes feuls
différent, c'eft à dire les mouuemens, & les actions
de l'Etat, entant qu'elles vienent des déliberations
de peu de gens ou de beaucoup, & habiles ou mal-
habiles. D'où l'on entend que les commoditez & les
incommoditez du Gouuernement ne vienent pas
du Souuerain, mais des Miniftres d'Etat : Et qu'ainfi
rien n'épéche que l'Etat ne puiffe eftre bien gouuerné fous le regne d'vne femme, ou d'vn enfant, pourueu que les Miniftres d'Etat & les Officiers en charge
publique s'acquitent bien de leur deuoir. Ainfi ce
qu'on dit *Malheur au Royaume quand il a fon Roy*
enfant, ne fignifie pas que la condition de la Monarchie foit inferieure à l'Etat populaire : mais tout au
contraire, que c'eft au Royaume vn inconuenient
par accident, Que durant la minorité il arriue quelquefois que *beaucoup de gens intrûs* par ambition
ou par forçe dans le Confeil d'Etat, le Royaume eft
gouuerné *Démocratiquement* : d'où n'aiffent les ca-
lamitez qui accompagnent pour la plus-part *l'Etat-*
Populaire.

    XVII. Or vn figne tres-éuident que la Monar-
chie la plus abfoluë eft la meilleure de toutes les
formes d'Etat, eft que non-feulement les Rois, mais
auffi les Etats & Empires gouuernez par vn peuple
ou par des Seigneurs, donnent à *vn homme feul*
toute l'authorité pour la guerre; & cela fi abfolû-

La puiffançe
des Generaux
d'Armée fait
voir l'excellen-
çe de la Mo-
narchie.

ment, qu'on ne void point de pouuoir plus ample.
(Où ie remarque en paſſant, Qu'vn Roy ne peut
donner à ſes Generaliſſimes plus de pouuoir ſur ſes
armées, qu'il n'a droit luy-meſme d'en exerçer ſur
tous ſes Sujets :) La Monarchie donc eſt à ce compte pour *vn Camp* le meilleur de tous les gouuernemens. Mais vn Etat & Empire qu'eſt-il autre
choſe qu'*vn Camp en armes, & rétranché* contre
tous autres Empires ? Et quand il ne peut y auoir de
commune puiſſançe qui les contraigne, quelque
paix incertaine qu'on y voye de temps en temps,
comme de petites treuues, N'eſt il pas vray que
l'Etat où ils ſont entre eux n'eſt rien que *l'Etat de
Nature*, qui veut dire *l'Etat de Guerre*?

XVIII. Enfin quand pour ſe conſeruer il a fallu
qu'on ſe fiſt ſujet d'vn Monarque, ou d'vne Republique : la condition de l'homme en qualité de
Sujet ne ſçauroit eſtre meilleure, que quand celuy dont il l'eſt à intereſt qu'il ſoit toûjours *ſain &
ſauue*. Or cela eſt quand nous ſommes *l'heritage*
du Souuerain : car chacun prend ſoin de eonſeruer
ſon héredité. Mais ce ne ſont ny les biens en fonds
des Sujets, ny leur argent, qui ſont les richeſſes du
Prince ; mais leur corps & leur eſprit en bonne
diſpoſition : & on l'auouëra aiſément, ſi on prend
garde à quel haut prix on met la Democratie & proprieté d'vn Etat ; & combien il eſt plus facile aux
hommes d'acquerir de l'argent, qu'à l'argent d'acquerir des hommes. Et mal-aiſément ſe trouuerra-t-
il quelque exemple d'vn ſujet à qui ſon Prinçe ait

fait perdre la vie, ou les biens par capriçe seulement, & sans qu'il y eût de sa faute.

XIX. Iusques icy i'ay comparé l'Etat *Monarchique* & le *Populaire*, sans rien dire de *l'Aristocrati-
que*. Mais sur ce que i'ay dit des autres, il semble qu'on peut conclure que l'Aristocratie *héré-
ditaire*, qui se contente d'élire les Magistrats, & renuoyer à peu de gens & capables les grandes déliberations : En vn mot, qui imite autant qu'il se
se peut l'administration *d'vn Monarque*, & celle
d'vn *Peuple* le moins qu'il se peut, est la meilleure
de toutes pour les particuliers, & de plus longue
durée.

LES
ELEMENS
DE LA
POLITIQVE.

CHAPITRE ONZIESME.

*Paſſages & exemples de la Saincte Eſcriture
à confirmer le Droit de Roy.*

 i. *L'Etat par inſtitution commance par le conſentement
du Peuple.* 11. *Le Droit de juger les Sujets, & de faire la
Guerre depend de la volonté du Souuerain.* 111. *Nul n'a droit
de punir le Souuerain.* 1v. *Ce n'eſt pas vn Etat, mais vne
Anarchie, où l'on n'a point de puiſſançe Souueraine.* v. *Que
tout Esclaue doit obeiſſançe pure & ſimple à ſon Seigneur, &
tout autre homme à ſon Pére.* v1. *L'Authorité Souueraine
confirmée par paſſages tres-éuidens tant du vieux que du Nouueau
Teſtament.*

1. **D**Ans l'article ſecond du chapitre ſixiéme i'ay fait voir que le commençe-
ment de l'Etat par Inſtitution ou Politique, vient du conſentement d'vne
multitude, ou grand nombre d'hommes Aſſamblés,

*l'Etat par
inſtitution com-
mençe par le
conſente-
ment du peu-
ple.*

CHAPITRE XI.

a Au chapitre dix-neuuiéme de l'Exode.

b Au mesme.

c Au premier Liure des Rois au chapitre douziéme.

d Au chapitre dixiéme.

e Au chapitre onziéme.

Le Droit de juger les sujets & de faire la guerre dépend de la volonté du Souuerain.
f Au chapit. 8.

tel que qui ne le donne pas demeure ennemy de l'Etat. Tel fut le commançement du Royaume de Dieu sur les Iuifs ; institüé par Moyse : *a Si vous ecoutés ma parole , &c. Vous serés mon Royaume Sacerdotal , &c. Moyse vint, & conuoqua tous les Anciens du peuple : &c. Et tout le peuple ensamble répondit , Nous ferons tout ce qu'a dit le Seigneur.* Tel fut aussi le commançement de la puissançe de Moyse sous Dieu, ie veux dire de Vice-Roy : *b Tout le peuple entandoit, & voyoit, les voix , & les lampes : &c. Ils dirent donc à Moyse, Parlés & nous obeïrons.* Tel fut le commencement du Royaume de Saül. *c Car voyant que Naas, Roy de la raçe d'Ammon , venoit pour vous opprimer, vous me dites Non pas cela ; mais nous aurons vn Roy à nous commander ; (que Dieu le Seigneur regnoit sur vous :) Maintenant donc voylà vôtre Roy, que vous aués éleu & demandé.* Or comme tous n'y consentoient pas , mais seulement la plus-part : les enfans de Bélial disans au contraire par dérision , *d Comment donc ? Cet homme-là nous sauuera ?* Tous les autres se mirent à les chercher pour les mettre à mort, comme ennemis de l'Etat. *e Quelles gens donc vienent dire que Saül ne sera pas nostre Roy? Donnés nous ces gens là : (dit tout le peuple à Samuél :) que nous les faßions mourir.*

11. Aux articles sixiéme, & sétiéme du mesme chapitre, i'ay fait voir que le Droit de *Iuger* de toutes affaires, & celuy de *faire la guerre* est au Souuerain, qui en vse à son bon plaisir, le peuple mesme l'a voulu, & l'a jugé. *f Nous serons , dit tout le Peuple,*

Peuple, comme les autres Nations: Noſtre Roy nous ju-gera, & marchera à la teſte de l'armée; & fera la guerre pour nous. Et le Roy Salomon parlant à Dieu de l'exerciçe de ce Droit: g Il vous plaira donc de donner à vôtre ſeruiteur vn cœur docile, qu'il puiſſe juger vôtre Peuple, & diſcerner entre le bien & le mal. Ioint ce que diſoit Abſalon: h Il n'y a perſon-ne étably de par le Roy pour vous juger.

III. Auſſi dans l'article douziéme du chapi-tre ſixiéme i'ay démontré que les Sujets n'ont pas droit de punir leur Roy: Et Dauid confirme cela: lequel quand Saül le faiſoit chercher pour le faire mourir, luy ſauua la vie, auertiſſant Abiſaï, i Garde tey de le tuër; On ne peut mettre la main ſur l'Oint du Seigneur ſans crime. Et quand il luy eût coupé le bord de ſon ſaye, k A Dieu ne plaiſe, dit-il, Que ie faſſe iamais à mon Maiſtre, l'Oint du Sei-gneur telle choſe que cela, de luy mettre la main deſſus. Et quand l'Amalécite eut tué Saül, quoy que ce fût ſon intereſt, & qu'il l'eût fait pour le ſeruir, l il le fit mourir ſur le champ.

IV. Ce qu'on trouue au verſſet ſixiéme au chapitre dix-ſétiéme des Iuges, En ce temps-là il n'y auoit point de Roy en Iſraël, mais vn chacun faiſoit tout ce que bon luy ſembloit (comme ſi l'Anar-chie & la confuſion de toutes choſes eſtoit où il n'y a point de Monarchie:) pourroit étre allegué pour prouuer l'excellence du Royaume ſur les au-tres eſpeçes de gouuernement, n'étoit que ſous le nom de Roy, on pourroit entandre auſſi bien

g Au troiſiéme Liure des Rois au chapitre troiſiéme.

h Au ſecond Liure des Rois au chapitre 15. Nul n'a droit de punir le Souuerain.

k Au premier Liure des Rois au chapit. 24.

l Au ſecond Liure des Rois chapitre pre-mier.

Ce n'eſt pas vn Etat, mais vne Anarchie où l'on n'a point de puiſ-ſançe Souue-raine.

CHAPITRE XI.

vne Aſſamblée Souueraine ayant la meſme *authorité*. Cependant l'expliquât-on en ce ſens : toûjours en tire-t-on cela : que ſans l'authorité Souueraine & abſoluë, chacun fait ce que bon luy ſemble ; ainſi que i'ay démontré au chapitre ſixiéme. Quand donc tel genre de vie eſt incompatible auec la conſeruation du genre humain, il faut par la loy de Nature, *Qu'en tout Etat on ait quelque part la puiſſance Souueraine.*

Que tout Eſclaue doit obeiſſançe pure & ſimple à ſon Seigneur, & tout autre homme à ſon pére.

v. I'ay dit aux articles ſétiéme & huitiéme du chapitre huitiéme, *Que tout Eſclaue doit obeiſſançe pure & ſimple à ſon Seigneur* ; Et dans l'article ſétiéme du chapitre neuuiéme, *Que les enfans la doiuent telle à leurs péres :* Saint Paul leur en dit autant : Et en premier lieu aux Eſclaues, [m] *Eſclaues obeiſſés en toutes choſes à vos Seigneurs ſelon la chair, ne ſeruès point à cauſe qu'on y prend garde, & ſeulement pour plaire aux hommes ; mais en ſimplicité de cœur, & auec la crainte de Dieu.* Puis aux enfans :

m n Au chapitre troiſiéme de l'Epiſtre aux Coloſſiens.

[n] *Enfans obeiſſés à vos péres en toutes choſes, car c'eſt le bon plaiſir du Seigneur.* Et comme par cette obeïſſançe *pure & ſimple* en toutes choſes, i'entens de tout ce qui n'eſt pas contre les loix de Dieu : Auſſi aux endroits de Saint Paul que i'ay allegués, il faut entendre ce mot *Toutes choſes* que ce ſoit, à la reſerue de celles qui ſont contre les Loix de Dieu.

L'authorité Souueraine cõfirmée par Paſſages tres-eui

v i. Mais pour n'eſtre pas obligé de cofirmer en détail tous les droits des Souuerains, voiçy les Textes & Paſſages qui confirment à tout prendre

leur puiſſançe Souueraine, & que les Sujets leur
doiuent obeïſſançe pure & ſimple. Au nouueau
Teſtament nous auons ceux-cy. ° *Les Scribes &
les Phariſiens ſont aſſis ſur la chaire de Moyſe : Gar-
dés donc , & faites tout ce qu'ils vous commanderont.*
Faites, dit-il, toutes choſes, c'eſt à dire obeïſſez
purement & ſimplement : Et pourquoy ? parce
qu'ils ſont aſſis ſur la chaire de Moyſe ; c'eſt à
ſçauoir ſur la chaire du Prince Ciuil, & non d'Aaron
le Grand Preſtre. ᵖ *Que toute ame ſoit ſujette aux puiſſançes Superieures : Car il n'y a point de puiſſançe
qui ne viene de Dieu : Et celles qui ſont , c'eſt que
Dieu les a voulues. Celuy donc qui leur reſiſte, reſiſte à la
volonté de Dieu : Mais qui s'oppoſe à ſes ordres s'ac-
quiert la damnation, &c.* Puis donc que les Puiſſances qui eſtoient du temps de Saint Paul, auoient
eſté ordonnées de Dieu ; Et que tous les Rois de
ce temps là exigeoient de leurs Sujets obeïſſance
pure & ſimple : il ſuit que cette puiſſance a eſté
établie par l'ordre de Dieu. ᑫ *Soyez donc ſujets pour
Dieu à toute humaine Créature : Premierement à voſtre
Roy , comme étant au deſſus de tout ; puis auſſi à ſes
Gouuerneurs, comme venans de ſa part, pour chaſtier
les meſchans au grand honneur des gens de bien : car
c'eſt la volonté de Dieu.* Et derechef Saint Paul eſ-
criuant à Tite, ʳ *Auertiſſez - les , dit - il, qu'ils ſoient
ſujets à leurs Princes , & aux Puiſſances ; qu'ils exé-
cutent leurs ordres.* A quels Princes donc ? N'eſt-
ce pas à ceux de ce temps-là ; & qui exigeoient

CHAPITRE
XI.

*dens & exprés,
tant du vieux
que du nou-
ueau Teſta-
ment.*

o *Au chapitre
23. de S. Ma-
thieu.*

p *Au chapitre
13. de l'Epiſtre
aux Romains.*

q *Au chapitre
ſecond de la
premiere Epi-
ſtre de S. Pier-
re.*

r *Au chapitre
troiſiéme.*

l'obeïſſance pure & ſimple ? Puis pour aporter icy l'exemple de *Ieſus-Chriſt* meſme , à qui le Royaume des Iuifs apartenoit de Droit , comme étant deſcendu de Dauid : Quand il vécut en Sujet , il paya Tribut à Céſar ; & dit que le Tribut étoit de Céſar. ᶠ *Rendés* , dit-il , *à Céſar ce qui eſt à Céſar ; & à Dieu , ce qui eſt à Dieu :* Et quand il luy pleut de faire le Roy , il voulut cette obeïſſance pure & ſimple : ᵗ *Allés , dit-il , au chaſteau voiſin : vous trouuerrés à l'entrée une aneſſe attachée auec ſon poulain ; détachés-là ; & me l'emmenés : & ſi quelqu'un s'en formaliſe , dites que le Seigneur en a affaire.* Il fit donc cela par droit de Seigneur & Maiſtre ; & comme étant *Roy des Iuifs.* Or ôter ſon bien au Sujet par cette raiſon , *Que le Seigneur en a affaire* , c'eſt la puiſſance Souueraine. Les Paſſages que voicy du vieux Teſtament ſont auſſi tres-éuidens & exprés pour confirmer cela meſme. ᵘ *Allés-y-vous ; & écoutés tout ce que vous dira le Seigneur Nôtre Dieu , & vous nous le dirés , & nous le ferons.* Or ce mot *Tort* veut dire ſeul l'obeïſſance pure & ſimple. Et derechef à Ioſué. *Ils répondirent à Ioſué , & luy dirent :* ˣ *Nous ferons tout ce que vous aués commandé ; Nous ne manquerons pas d'aller où vous nous enuoyerés ; Et comme nous auons obey en toutes choſes à Moyſe , nous vous obeïrons de meſme : ſeulement que le Seigneur Dieu ſoit auec vous , comme il fut auec Moyſe. Si quelqu'un vous contredit ,* s'il n'obeït pas en tout ce que vous luy commanderés, qu'on le mette à mort. ʸ Et la parabole du buisson. ʸ Tous les arbres dirent au buisson vien & sois nôtre Souuerain : Et il répondit : Si tout de bon vous me faites vôtre Roy, aprochés-vous, & vous reposez à l'ombre que ie feray : Mais si vous n'en voulez ges rien faire ; Que le feu sorte du buisson, & déuore les Cédres du Liban. Paroles dont le sens est, Qu'il faut obeïr en ce que commande le Roy, à peine d'estre consommez des feux de la guerre Ciuile. Mais Dieu luy mesme décrit encore plus particulierement la puissance Royale par Samuël. ᶻ Prédis leur le Droit du Roy qui regnera sur eux, &c. C'est icy le Droit du Roy qui regnera sur vous : Il vous prendra vos enfans pour les mettre sur ses chariots; Il vous prendra vos filles à estre ses parfumeuses, &c. Il vous ôtera vos meilleures possessions pour les donner à ses Esclaues, &c. Cette puissance n'est-elle pas absoluë? Et Dieu luy-mesme l'appelle le Droit du Roy ; Et nous ne voyons personne parmy les Iuifs, non pas mesmes leur *grand Prestre*, exempt de cette obeïssance : car voicy ce que dit *le Roy*, mesmement *le Roy Salomon*, au grand Prestre *Abiathar* : Retire-toy dans ta maison aux champs, en Amathot : ˣ *Tu as merité la mort : & si ie te le remets, c'est que tu as porté l'Arche du Seigneur Dieu en présence de Dauid mon Pére, & pris part à ses souffrances. Et Salomon chassa Abiathar qu'il ne fût plus Prestre du Seigneur.* Or on n'a pas le moin-

CHAPITRE XI.

ʸ *Au chapitre neuuiéme du Liure des Iuges.*

ᶻ *Au chapitre huictiéme du premier Liure des Rois.*

ˣ *Au chapitre second du troisiéme Liure des Rois.*

dre indice que cette action déplût à Dieu ; On
ne trouue point que Salomon en fût reprit ; ny
qu'en ce temps-là sa personne fût dés-agréable à
Dieu.

LES
ELEMENS
DE LA
POLITIQVE.

CHAPITRE DOVZIESME.

*Des causes intérieures de la dissolution
de l'Etat.*

I. *Sentiment seditieux*; Que le particulier ait droit de juger
du bien & du mal. II. *Sentiment seditieux* ; Que le Sujet péche iamais de ce qu'il obeït au Souuerain. III. *Sentiment
seditieux*; Qu'on ait droit de tuër le Tyran. IV. *Sentiment
seditieux*: Que le Souuerain comme vn autre soit sujet aux
Loix Ciuiles. V. *Sentiment seditieux* : Qu'on puisse partager
l'authorité Souueraine. VI. *Sentiment seditieux* : Qu'on ne
puisse acquerir la foy & la Sainteté en s'y appliquant, &
par raison, mais seulement par infusion & inspiration surnaturelle. VII. *Sentiment seditieux* : Que le sujet soit Maistre & Seigneur absolu de ses biens. VIII. *Cela dispose à
sedition qu'on ne sçache point la difference de la multitude &
du peuple.* IX. *Qu'on se sente* trop chargé d'imposts. X. *Qu'on
ait trop d'ambition.* XI. *Et qu'on espere d'y reüssir.* XII. L'E-

loquence fans fageffe *émeut à fedition.* XIII.*Comment* la fottife *du peuple,* & l'Eloquence *des ambitieux,* *caufent enfemble
la ruine de l'Etat.*

I. IVſques içy i'ay dit par quels moyens & quels pactes s'établit l'Etat, & quels y ſont les droits du Souuerain ſur le Sujet : c'eſt içy le lieu de parler des cauſes de ſa diſſolution, ie veux dire des Séditions. Or ainſi qu'en tout mouuement de corps Naturels il faut conſiderer trois choſes, *La Diſpoſition* qu'ils ont au mouuement à venir; *l'Agent* externe à le produire; & *l'Action* de cet Agent : Auſſi dans l'Etat en trouble il faut conſiderer trois cho-ſes : En premier lieu *les dogmes* qu'on y enſeigne, & les ſentimens qu'on y a contraires à la paix , & qui diſpoſent à Sédition ; En ſecond lieu, quelles ſont *les Gens* qui ſollicitent le peuple, ainſi diſpoſé à faire vn party , qui font prendre les armes ; leuent troup-pes , & les commandent; Et enfin *la Faction* meſme: ie veux dire la façon , & la maniere que cela ſe fait. Quant aux dogmes de tels gens , le plus dangereux de tous eſt , *Que le particulier ait droit de conoître du bien & du mal.* Il eſt vray que dans l'Etat de Nature on a ce droit, puis qu'on y a autant de droit les vns que les autres ; & qu'aucun ne s'eſt ſoûmis par pa-cte à autruy: Et i'ay démontré cela dans l'article neu-uiéme du chapitre premier : Mais dans l'Etat Ciuil on n'a pas ce droit. Car i'ay fait voir dans l'art. neu-uiéme du chapitre ſixiéme, *Que les Loix Ciuiles ſeu-les ſont les regles & meſures du bien, & du mal, du iuſte,*

ſte, & de l'iniuſte, de ce qui eſt honéte, & de ce qui ne
l'eſt pas : Et qu'ainſi on doit tenir bon ce que commande le Légiſlateur, & mauuais ce qu'il deffend.
Or c'eſt toûjours le Souuerain qui eſt le Légiſlateur ;
& dans l'Etat Monarchique, c'eſt le Monarque. Auſſi
i'ay confirmé cela dans l'article ſixiéme du chāpitre
onziéme, par les paroles de Salomon : Car s'il falloit
ſuiure comme bon, & fuïr comme mauuais, ce qui
ſembleroit tel aux particuliers, que voudroient dire
ces paroles, *Vous donnerez à vôtre ſeruiteur vn cœur
docile, qu'il puiſſe juger vôtre Peuple, & diſcerner entre le bien & le mal?* Puis donc que c'eſt à faire aux
Rois de diſcerner entre le bien & le mal : c'eſt tenir
vn mauuais diſcours que de dire comme font beaucoup de gens, *Que le Roy eſt celuy qui gouuerne bien
& qu'on ne doit point obeïr, ſi ce qu'il commande n'eſt
iuſte.* Auant l'Etat étably rien n'étoit *iuſté*, rien *iniuſte*, quand ces choſes de leur Nature ont rapport
au Commandement ; Que de ſoy toute action eſt
indifférente ; & qu'il vient du droit du Souuerain
qu'elle ſoit juſte ou jniuſte. Les Rois légitimes donc
de ce qu'ils commandent quelque choſe la font *iuſte* ; & de ce qu'ils la deffandent, *injuſte* : Et quant
aux particuliers qui veulent que ce ſoit à eux de conoître *du bien & du mal*, ils s'erigent en Souuerains :
ce qui tend à la ruine de l'Etat. La premiere choſe
que Dieu deffandit à l'homme, c'eſt ce qu'on void
en ces termes au quinziéme verſſet du chapitre ſecond de la Genéſe, *Garde-toy de manger du fruit de
l'arbre de ſcienſe du bien & du mal:* La premiere ten-

Y

tation du Diable, celle qu'on void au verſſet troiſiéme du chapitre cinquiéme ; *Vous ſerez comme des
Dieux ſçachans le bien & le mal* : Et le premier reproche de Dieu à l'homme ; Celuy du verſſet onziéme,
*Qui t'a fait conoître ta nudité , ſi tu n'as mangé du
fruit deffandu ?* Comme s'il diſoit, d'où vient que tu
as jugé la nudité des-honnéte, où i'ay voulu te créer,
*Si ce n'eſt que tu t'és attribüé toy-meſme de juger de ce
qui eſt honéte , & de ce qui ne l'eſt pas ?*

    11. *Le peché eſt ce qu'on fait contre ſa propre con-*
ſcience : Puis que c'eſt mépriſer la Loy : Mais il y
faut la diſtinction que voiçy. Vne choſe eſt peché
pour moy, laquelle quand ie la fais ie croy que ce
ſoit pecher : Mais ie puis faire ſouuent ſans pecher
moy-meſme ce que ie crois qui ſoit peché pour autruy. Car ſi c'eſt mon Maiſtre & Seigneur qui me le
commande , n'importe qu'il péche ou non, en le
faiſant ie ne peche point. Comme ſi l'Etat me commande de faire la guerre ; cette guerre fût-elle injuſte, la creuſſe-je telle ; la faiſant ie ne peche point ;
mais plûtôt ie pecherois ſi ie refuſois de le faire ;
quád ce ſeroit m'attribuër le droit de conoître *du bien
& du mal* , qui n'apartient qu'à l'Etat. Faute de diſtinguer de la ſorte, on tombe dans la neceſſité de
pecher ſi la choſe commandée eſt illicite, ou qu'il
ſemble qu'elle le ſoit. Car c'eſt contre ſa conſcien-
çe ſi l'on obeït : Et contre droit & juſtice ; ſi l'on ré-
fuſe d'obeïr. Faire contre ſa conſcience eſt montrer qu'on ne craint pas les peines du Siecle auenir :
& qu'on faſſe contre le droit, c'eſt ruiner autant

qu'on peut la Societé Ciuile , & la paix d'entre les
hommes. Cette doctrine donc, *Que les Sujets péchent
en exécutant les Ordres du Souuerain , qu'il leur semble qui ne soient pas justes*, est non-seulement erronée,
mais de celles qui détruissent l'obeissançe ciuile ; &
elle depand de cette erreur originelle que i'ay re-
marquée dans l'article précedent : car auec ce *jugement particulier* du bien & du mal, nous ne sçaurions
obeïr, ny des-obeïr sans peché.

III. Vn troisiéme sentiment pernicieux comme
les autres, & venu de mesme tige, est, *Qu'on puisse
auec justice tuer le Tyran.* Mesmes on a veu de nos
iours quantité de Theologiens , de mesmes qu'aux
Siecles passez tels Sophistes que *Platon, Aristote , Ciceron , Seneque, Plutarque, & autres fauteurs de l'Anarchie Grecque, & de la Romaine*, soûtenir le *Tyrannicide*
non seulement loisible, mais mesme digne de loüan-
ge. Or ils apellent *Tyrans* non-seulement les *Monarques*, mais tous ceux qui dans vn Etat ont l'authorité
Souueraine, s'ils ne gouuernent à leur gré: Ainsi *Pi-
sistrate* qui regna *seul* à *Athenes*, n'y fut pas le seul
qu'on nomma Tyran: ils apellerent de mesme aprés
luy *Trente hommes regnans ensamble.* Mais celuy qu'ils
veulent qu'on tuë, a droit de regner, ou non: S'il
s'est emparé de l'Etat sans que l'Etat fût à luy, c'est
l'ennemy de l'Etat: on a donc droit de le tuër: Mais
il faut apeller cela *Tuer l'ennemy public*, & non *tuer le
Tyran.* Que si le Royaume est à luy: on demandera
comme Dieu , *Comment le conois tu Tyran , si tu n'as
mangé du fruit deffandu ? Et comment nommer Tyran*

Y ij

*celuy que Dieu a fait Roy, si ce n'est que tout simple
particulier que tu es, tu te mêles de connître du bien &
du mal ?* Or il est aisé de juger combien vne telle
doctrine est pernicieuse à tout l'Etat, mais sur tout
au Monarchique : En ce qu'elle liure le Roy, quelque bon Roy qu'il puisse estre, au premier homme
scelerat qui aprés s'estre fait *son Iuge*, & le prénant
pour *Tyran*, le voudra faire *son Bourreau.*

IV. Le quatriéme Dogme à détruire la Societé
Ciuile est, *Que mesmes les Souuerains soyent sujets aux
Loix Ciuiles.* l'ay fait voir ce Dogme faux dans l'article quatorziéme du chapitre sixiéme , en ce que
l'Etat ne peut s'obliger à soy-mesme, ny à son sujet. Il ne
le peut à soy-mesme : puis qu'on ne s'oblige qu'à
autruy. Et il ne le peut à son sujet : parce que sa volonté contient celle des Sujets ; qu'ils veulent tout
ce qu'il veut ; & qu'ainsi dés-là qu'il luy plaist d'estre
liberé, il l'est ; au moyen dequoy il est *libre* : Maintenant ce qui est vray de l'Etat, l'est aussi du Souuerain, soit Monarque ou Conseil de République :
Puis qu'à vray dire ce sont eux l'Etat, qui ne seroit
point sans la puissance Souueraine. D'ailleurs qu'vn
tel Dogme que cela soit contre la nature & l'essence
de l'Etat : C'est que posé qu'il fût vray , le simple
particulier auroit tout droit de conoître de ce qui
seroit *iuste* ou *injuste* ; ie veux dire qu'il regleroit &
définiroit quelles choses seroient selon, & quelles
contre les Loix : Quand donc on viendroit à juger
que la chose commandée fût contre la Loy Ciuile,
on refuseroit d'obeïr : mais qu'on refusast d'obeïr

fans pouuoir y eftre contraint, il n'y auroit plus de
puiffance coactiue: Il n'y auroit donc plus d'Etat,
quand c'eft en cela que confifte fa Nature. Cependant vne telle erreur, fi grande, & toute vifible a
pour arc-boutans de telles gens qu'*Ariftote*, & autres
grands Chefs de Secte; lefquels, attandu, difent-ils,
la fragilité de l'homme, ne fçauroient donner qu'aux
Loix feules, impoffibles à corrompre, l'authorité
Souueraine. Mais c'eft bien peu confiderer la Nature de l'Etat, que de croire qu'on peût laiffer à des
Loix, *Le droit de s'interpreter elles mefme, le droit de
faire des Loix, & la puiffançe à contraindre*: Car tout
cela eft neceffaire à l'Etat. Or encore qu'affez fouuent le fimple particulier puifle agir contre l'Etat,
ie veux dire le plaider, & defandre en jugement fa
caufe par bonnes Loix: il ne s'agit pas alors de ce
que l'Etat peut de Droit, mais de ce qu'il a voulu par
quelque loy précedente. Comme quand il s'agit de
la vie: la queftion n'eft pas fi l'Etat peut l'ôter à fon
fujet de Droit abfolu; mais s'il l'a voulu de la forte
par certaine Loy: Et il l'a voulu, fi le fujet a violé
cette Loy: finon, il ne l'a pas voulu. Ce donc que
le fujet peut intenter action contre l'Etat, & le plaider, ne preuue pas que l'Etat foit tenu à fes propres Loix; au contraire on void que cela n'eft pas,
en ce que nul ne fçauroit eftre fon propre obligé.
Les Loix donc font *pour Titus & pour Cajus*, ou comme ils difent encor, *pour Pierre & Paul*, non pour
l'Etat: quoy que les gens-de-Palais ayent tant fait
par ambition, *Qu'il famble à beaucoup d'ignorans que*

les Loix ne dépendent pas de l'authorité de l'Etat, mais de leur Iuris-prudençe.

v. Vn autre Dogme abſolûment pernicieux à l'E-tat, que ie compte le cinquiéme, eſt, *Que l'authorité Souueraine ſe puiſſe partager.* Or ils la diuiſent les vns d'vne façon, les autres d'vne autre. Car il y en a qui veulent que l'authorité Souueraine, pource qui eſt de faire viure les ſujets en paix entre eux, & quant aux commoditez *de cette vie préſente*, apartiene de Droit à la Puiſſançe Ciuile. Mais que pource qui eſt *du ſalut de l'Ame*, & des choſes neceſſaires pour eſtre reçeu au Royaume des Cieux, ce ſoit à d'autres qu'on doiue obeir. Comme donc il faut neceſſai-rement que pour faire ſon ſalut on garde la juſtice en toutes choſes: Il arriue que les ſujets de l'Etat, de ce qu'ils ne meſurent pas comme ils deuroient la juſtiçe par les Loix Ciuiles, mais par les Comman-demens & la Doctrine de gens leſquels à l'eſgard de l'Etat ſont ou ſimples particuliers ou Etrangers, re-fuſent par vne crainte ſuperſtitieuſe l'obeïſſançe qu'ils doiuent à leur Souuerain legitime; Et ainſi de crainte de pecher, pechent en effet. Et que peut il y auoit de pernicieux à l'Etat comme cela : *Qu'en épouuantant les hommes par menaçes de ſuppliçes éter-nels, on les empeſche d'obeyr à leurs Souuerains legiti-mes, c'eſt à dire d'obeyr aux Loix, & c'eſt à dire d'eſtre juſtes?* D'autres vienent partager l'authorité Souue-raine encore d'vne autre façon : car ils donnent à vn homme ſeul & vnique qu'ils apellent le *Monar-que*, tout pouuoir & authorité de faire à ſon gré *la*

paix & la guerre : mais à d'autres gens que luy, la
direction des Finançes. Comme donc les Finaçes sont
les Nerfs de la Guerre ou de la Paix, qui fait cette
diuision n'en fait point du tout : car en donnant la
direction des Finançes on donne par mesme moyen
l'authorité Souueraine, dont on ne laisse que le titre,
& vn vain nom à ce Monarque : ou si l'on partage en
effet, on détruit l'Etat : quand on ne sçauroit sans
argent ny tenir ses sujets en paix, ny faire la guerre.

v i. On enseigne communément, *Que la Foy &
la Sainteté ne s'acquerent point par étude, & par raison naturelle, mais sont toûjours surnaturellement infu-
ses & inspirées.* Que si cela estoit vray, ie ne voy
point de raison qu'on nous fît rendre compte de nôtre Foy : ni comment tout vray Crétien ne seroit
pas aussi Prophéte : ou pourquoy chacun de nous
ne jugeroit pas plûtôt sur sa propre inspiration, que
sur les Commandemens du Souuerain de l'Etat, &
par la droite raison, des choses à faire ou obmettre.
Mais à ce compte on reuiendroit au Droit particulier de conoître du bien & du mal : ce qui ne se peut
sans la ruine de l'Etat. Cette opinion s'est tellement
répanduë dans toute la Chrétienté, qu'vne infinité de gens s'y sont rendus Apostats de la lumiere
naturelle, & de la droite raison. Et elle vient de quelques éceruelés, lesquels aprés s'estre fait vne rapso-
die de Textes & Passages de l'Ecriture Sainte, vous
les ajustent de maniere dans leurs Predications,
qu'encore que leurs discours ne veuille rien dire, les
idiots ne laissent pas de le croire tout Diuin. Or dés-

*Sentiment sé-
ditieux,* qu'on
ne puisse ac-
querir la Foy
& la Sainteté
en s'y appli-
quant, & par
raison : mais
seulemét par
infusion, &
inspiration
surnaturelle.

là qu'vn homme parle qu'on n'y comprend rien ; & qu'auec cela ce qu'il dit semble tout Diuin ; on le prend necessairement pour vn homme inspiré de Dieu.

VII. Le sétiéme Dogme contraire à l'Etat est, *Que le sujet ait le Domaine absolu de ce qu'il possede : ie veux dire vn tel droit de proprieté, qu'il y viene à exclure tout autre droit, non-seulement des simples particuliers, mais mesmes de l'Etat :* Ce qui n'est pas vray. Car de ce qu'on a vn *Maistre & Seigneur*, on n'a plus de droit de *Domaine & de Seigneurie*, ainsi que i'ay demontré dans l'article cinquiéme du chapitre huitiéme. Or l'Etat par son establissement est Maistre & Seigneur de tous ses Sujets. Auant qu'on n'eût suby le joug de sujet on n'auoit aucun droit de proprieté ; toutes choses estoient en commun ; Dites-moy donc d'où vous vient ce droit que de l'Etat ? Mais d'où vint-il à l'Etat, que de ce qu'vn chacun de nous luy transporta tout son droit ? Vous luy auiez donc transporté tout vôtre droit : Et c'est pourquoy vous n'auez de Domaine & proprieté qu'autant qu'il veut, & pour le temps qu'il luy plait. C'est comme dans la famille, que le fils de famille n'a à soy en propre que ce qu'il plait à son pere, & pour le temps qu'il luy plait. Mais la plus-part des gens qui font les habiles en matiere de Politiques raisonnent tout autrement. *Nous sommes,* di-sent-ils, *naturellement tous égaux : Il n'y a donc point de raison qu'on nous viene ôter le nôtre, plûtôt que nous le bien d'autruy. Nous n'ignorons pas que pour la def-*
fance

*fance publique il ne faille quelquefois de l'argent: mais
que ceux qui l'exigent nous fiſſent voir ce qu'il faudra, &
nous le donnerons volontiers.* Ceux qui parlent de la ſorte ne ſongent pas que ce qu'ils voudroient qu'on fiſt,
l'a eſté dés le commancement, par l'établiſſement
de l'Etat. Ils parlent donc comme on feroit dans vne
Multitude deſunie, auant l'Etat étably : & par ce
moyen ils vienent à le des-vnir, c'eſt à dire à le détruire.

*Cela diſpoſe
à ſedition
qu'on ne ſça-
che point la
difference de la*
Multitude &
du Peuple.

VIII. Enfin vne choſe contraire au gouuernement,
& ſur tout au Monarchique, eſt, qu'on ne mette
pas la diſtinction qu'il faudroit entre *le Peuple*, & la
Multitude. Le peuple eſt quelque choſe d'vn, ayant
ſa volonté vne, & auquel on peut attribuer vnité
d'action: rien de tout cela n'eſt vray de la Multitude.
Le peuple *Regne* en tout Etat, & meſme dans la Monarchie : car c'eſt luy qui veut par la volonté du Monarque : Et il n'y a de Multitude que de ſimples particuliers, c'eſt à dire de *Sujets*. En toute Democratie, & dans l'Ariſtocratie, les Sujets ſont la Multitude ; *le Conſeil d'Etat eſt le peuple* ; Et dans la Monarchie où les Sujets ſont auſſi la Multitude, quoy
que ce ſoit vn paradoxe *le Roy eſt le peuple*. Le commun des hommes, & d'autres encor faute de prendre
garde à cela, parlent d'vn grand nombre de gens
comme ſi c'eſtoit le peuple, & l'Etat ; & vous diront que l'Etat s'eſt réuolté contre le Roy ; (ce qui
ne ſe peut ;) Et que le peuple veut, ou ne veut pas
ce que veulent ou ne veulent pas les Mutins, & Mé-
contans, qui ſous pretexte du bien public animent

CHAPITRE
XII.

Z

les Sujets contre l'Etat, c'eſt à dire la Multitude contre le peuple. Et voilà les opinions & ſentimens ſeditieux, deſquels les ſujets imbus, ſont tout preſts à ſe ſoûleuer. Que s'il eſt vray qu'en tout Etat on doit garder *inuiolable la Majeſté* de qui gouuerne : *Tous ces Dogmes, comme on void, ſont autant de crimes d'Etat, & de Leze-Majeſté.*

Qu'on ſe ſente trop chargé d'impoſts.

IX. Rien au monde n'afflige tant, & n'abat le cœur que *la pauureté*, ie veux dire la diſette, & l'indigençe de ce qu'il faudroit pour viure ſelon ſa condition : Mais quoy que perſonne n'ignore qu'on acquert le bien par ſon induſtrie, & qu'on le conſerue en épargnant : Toutefois quand on eſt mal dans ſes affaires par débauches, & par ſa propre faute, on l'impute au gouuernement de l'Etat, comme ſi c'eſtoit par les Tailles & les Impoſts qu'on ſe vît épuiſé d'argent. Mais on doit conſiderer que non-ſeulement il faut trauailler pour viure, quand on n'a pas de patrimoine, mais auſſi combattre pour trauailler. Les Iuifs qui bâtiſſoient du temps d'Eſdras les murs de Ieruſalem tout en trauaillant *d'vne main*, tenoient vne épée *de l'autre*. En tout Etat, on doit penſer que c'eſt le Prince Souuerain, ie veux dire *le Roy* dans la Monarchie, & le *Conſeil d'Etat* dans la République, cette *Main* qui tient l'épée : Que les Sujets ne doiuent pas moins la nourrir de leur induſtrie, que celle auec quoy ils ſe bâtiſſent chacun ſa propre fortune : Que les Tailles & autres Impoſts ne ſont rien que le ſalaire des gens qui veillent ſous les armes, pour nous garantir des courſes de l'Etran-

ger, & nous donner tout loifir de trauailler de nos
métiers : Et que fe plaindre d'eftre pauure pour les
grands Impofts, eft fe plaindre de l'eftre pour auoir
payé fes debtes. Cependant la plus part des gens ne
penfent pas à cela : Et il leur arriue comme dans la
maladie qu'on appelle *Incube*, que pour s'eftre trop
foülé, on croit quelqu'vn couché fur foy, qui de fon
grand poids opprime & fuffoque. Enfin, il eft tout
éuident, que qui fe croit trop gréué, comme s'il
fupportoit feul toutes les charges de l'Etat, eft enclin à fedition ; & que ne fe trouuant pas bien des
chofes comme elles font, il demande chofes nouuelles.

x. Vne autre maladie d'efprit fort dangereufe à l'Etat
eft celle des gens de loifir, qui n'ont point de charge ou Office. Tout homme naturellement voudroit
fe faire conoître, & fe voir s'il fe pouuoit en honneur
& dignité : Mais ceux-là plus que tous autres, qui
n'en font pas détournés par le foin de gagner leur
vie. Car fe trouuans de loifir, & n'ayant rien plus à
faire, ils fe metttent premierement à difcourir d'affaires d'Etat ; & lifent Hiftoriens, Orateurs, & liures
de Politique. Puis quand ils ont bien leu, & bien
difcouru, ils fe croyent fçauans & habiles à auoir les
plus grands emplois. Cependant comme on n'eft pas
toûjours tout ce qu'on fe croit : & que le fuffent-ils
tous, il n'y auroit pas affez de charges pour tout le
grand nombre qu'ils font : il faut neceffairemét qu'il
en refte beaucoup à pouruoir. Ceux-là donc s'ima-
ginans qu'on leur a fait tort, ne fouhaitent rien tant,

foit par enuie contre les plus heureux, ou par efperançe de fe tirer de la foule, que de voir qu'on
gouuerne mal : Ils veulent donc l'Etat en trouble ;
Et ainfi ils ne perdent point d'occafion de brouiller.

XI. C'eft encore vne paffion à rendre feditieux,
Qu'on efpere d'y reüßir. En effet, Qu'on foit imbu
tant qu'on voudra de Dogmes, & de fentimens contraires au repos public, & contre le gouuernement :
qu'on ait receu de grands griefs de gens en authorité : fi l'on n'efpere de vaincre, ou qu'il y ait grande apparence, on ne fera iamais de fedition, chacun diffimulera ; & fouffrira plûtôt le mal que le pis.
Or il faut quatre chofes pour cette efperançe : *Le
Nombre ; les Inftrumens ; la Confiançe réciproque , le
Chef de party.* Qu'on refiftât aux Magiftrats à moins
que d'eftre *en grand nombre* , ce ne feroit pas fedition , mais des-efpoir : Puis quand ie dis *les Inftrumens*, c'eft des armes que ie parle, & des conuois de
guerre & de bouche : fans cela le nombre ne fert de
rien ; ny les armes *fans la confiançe mutuëlle* , ny toutes ces chofes enfamble, fans *l'Vnion* fous vn Chef.
Il faut donc cette vnion : & ils obeïffent volontiers
à ce Chef, parce qu'ils le croyent vaillant & grand
Capitaine, & le voyent dans les mefmes interefts :
Car à cela prés ils ne luy obeïroient pas comme s'y
croyans obligés, pour s'eftre foufmis à luy, eux que
i'ay fuppofé dans ce Chapitre, qui ne font état de
s'obliger qu'autant qu'ils auiferont, & jugeront expedient. Lès gens mal intentionnez, & qui n'ont pour
toute mefure du droit ou de l'injuftice de leurs

actions que leur propre jugement, des qu'ils ont ces
quatre chofes, n'attandent pour fe fouleuer que
quelqu'vn qui les y pouffe.

XII. Le caractere de *Catilina*, le plus grand feditieux qui fut jamais, tel qu'on le void dans *Salluſte*,
eſt, *Qu'il ne manquoit point d'eloquence : mais auoit
peu de Sageſſe.* L'Hiſtorien fepare la Sageſſe de l'Eloquence, jugeant celle-cy neceſſaire à l'homme qui
veut brouiller, & qu'il ne ſçauroit auoir l'autre quand
elle porte à la paix. Or il y a de deux fortes d'Eloquence : l'vne *à s'expliquer nettement*, & faire entandre à autruy ce qu'on a dans la penſée : à quoy il faut
en premier lieu qu'on ait veu les choſes à fond, clairement, & diſtinctement ; Et en fecond lieu, qu'on
s'y ferue des termes propres dans leur vraye acception. L'autre *émeut les Paſſions*, comme l'Eſperance, la Crainte, la Colere, la Miſericorde ; & vient
de ce qu'on vſe de Métaphore, & qu'on fait venir
fes paroles à fes fentimens. L'vne fait *de vrais principes* le tiſſu de fon difcours ; l'autre *d'Opinions déja receuës*, quelles que ce foit : l'vne a pour Art *la Logi-
que* ; l'autre *la Rhetorique* : l'vne pour fin *la verité* ;
l'autre *la victoire* : Et elles feruent toutes deux, la
premiere *à déliberer*, la feconde *à Harenguer* : Car
la premiere n'eſt *iamais* fans fageſſe, & l'autre l'eſt
presque toûjours. Or que cette Eloquence vigoureufe
fans fageſſe, ie veux dire qu'on ait jointe à l'ignorance des chofes, foit le vray caractere du mutin, à
faire feditions, il ne faut que voir ce qu'il entreprend.
Car comment abreuer le peuple d'opinons ſi abfur-

des, ſi contraires au repos & au bien-public, ſi l'on
ne les tenoit ſoy-meſme? Et en cela on montre tant
d'ignorance, que c'eſt bien loin d'eſtre Sage. *Apres
tout, pourroit-on dire, Qu'il y eût vn brin de Sageſſe
à ne ſçauoir pas ſeulement d'où vient la force des Loix;
quelles ſont les Regles & les meſures du droit & de l'in-
iuſtice, de l'honeſte & du des-honéte, du bien & du
mal ; qu'eſt-ce qui cauſe & qui conſerue la paix, &
quoy ce qui la détruit; qu'eſt ce qu'on peut apeller ſien,
& quoy bien d'autruy ; En vn mot ce que nous voudrions qu'on nous fit pour en faire autant aux autres?*
Or ce que tel homme mutin rend ſes Auditeurs
furieux, d'étourdis qu'il les auoit : ce qu'il peut faire
que qui eſt bien ſe croye mal, & qui eſt mal ſe
croye pis : Ce qu'il fait croiſtre l'eſperance, &
amoindrit le peril outre raiſon : Tout cela luy vient
d'Eloquence; Ie ne dis pas de cette *Eloquence Sage*, qui fait voir les choſes comme elles ſont; mais
de cette autre *ſans ſageſſe*, à émouuoir les paſſions,
& faire paroiſtre les choſes telles qu'on les aura con-
ceuës auparauant d'vn eſprit paſſionné.

XIII. Beaucoup de gens meſmes bien intentionnez aident auſſi par ignorance à diſpoſer l'eſprit des Sujets à ſedition, *En ce qu'ils enſeignent à
la jeuneſſe dans les Eſcoles, & préchent en chaire à tout
le peuple vne doctrine conforme à ces opinions ſedi-
tieuſes que i'ay dit.* Quant à ceux qui veulent reduire en Acte cette diſpoſition, ils cherchent en
premier lieu tous moyens de raſſambler en vne
ſeule *faction*, les mal-intentionnez, qu'ils conſ-

pirent auec eux ; puis à fe rendre *puiſſans* dans la faction déja faite. Ils les reduifent en vne féule faction, en fe rendant les entre-metteurs & les interpretes des déſſeins & des actions d'vn chacun ; Indifant le temps & le lieu de l'Aſſamblée ; & nommant les gens qui s'y trouuerront, pour deliberer des moyens de reformer l'Etat, ainfi qu'on verra neceſſaire. Et pour s'y rendre Maiſtres ils y font vne autre *Cabale.* Ils s'aſſamblent donc en particulier auec vn petit nombre de gens affidez, à regler quelles chofes propofer dans l'Aſſamblée generale ; qui parlera le premier, qui deura parler en fuitte ; ce qu'il faudra que chacun die, & par quels moyens ils tireront dans leur aduis ceux qu'ils voyent les plus puiſſans, & le plus en credit dans le party. Quand donc la faction leur femble aſſez grande, qu'ils s'en font rendus maiſtres par telles voyes, & croyent en difpofer par leur Eloquence, ils commanٗcent à gouuerner, & faire les Souuerains : & alors fi leur faction eſt la feule dans l'Etat, Voilà l'Etat opprimé : finon, ils le dechirent par guerres ciuiles. Aprés tout *la Sottife & l'Eloquençe* concourent enfemble, & s'acordent à la ruïne de l'Etat, ainfi qu'on void dans la Fable, que *les filles de Pélias*, Roy de Theſſalie, confpirerent auec *Medée* contre luy. Les fottes filles vouloient faire rajeunir le pauure vieillard decrepite : Et la mechante femme leur ayant confeillé de le mettre en pieces bouïllir fur le feu, elles le firent, s'attandans qu'il refufcitât : Et de mefme *le menu peuple* s'eſtant mis premierement en phantaifie par fottife telle que des *filles de Pélias*, de renouueller l'Etat, & voir toutes chofes nouuelles, fe laiffent pouffer en fuitte par *l'Eloquenfe* de quelques gens ambitieux, comme par les fortileges de *Medée*, à le dechirer en factions : Et quand tout y eft en feu, ils s'aperçoiuent trop tard qu'on détruit l'Etat, plûtôt que de le reformer.

LES
ELEMENS
DE LA
POLITIQVE.

CHAPITRE TREZIESME.

Du deuoir des Souuerains.

I. *Le droit de Souuerain diftingué de l'exercice de ce Droit.*
II. Le falut du peuple eft la Souueraine Loy. III. *Le Sou-*
uerain n'eft pas tenu de pouruoir au bien du particulier, *mais*
feulement au bien public. IV. *Qui dit le falut du peuple dit tou-*
tes fes néceffités. V. *A fçauoir fi le Souuerain eft tenu de pour-*
uoir au falut de l'ame de fes Sujets, en la meilleure façon qu'il
juge en confcience. VI. *En quoy confifte le falut du peuple.* VII.
Qu'on a befoin d'efpions pour la déffançe du public. VIII. *Que*
mefmes en temps de paix, il faut pour cela des trouppes, des
armes, des places fortes, & de l'argent prét. IX. *Qu'auffi*
pour garder la paix, les Sujets doiuent eftre inftruits de leurs
deuoirs & offices *dans la Societé Ciuile.* X. *Qu'il eft bon pour*
garder la paix d'égaler les charges publiques. XI. *L'équité*
naturelle veut qu'on ne taxe point le Sujet à raifon de ce qu'il
poffede, *mais feulement* de fa defpenfe. XII. *Il eft bon pour*
garder la paix de tenir bas l'ambitieux. XIII. *Et diffiper*
les factions. XIV. *Il eft bon pour enrichir fes Sujets de faire des*

A 2

Loix en faueur des métiers, *comme aussi des Loix somptuaires contre le luxe, & la despense.* xv. *Qu'il ne faut de Loix que des choses nécessaires au bien public & des particuliers.* xvi. *Qu'on ne doit punir le coupable* que de la peine *que porte la Loy.* xvii. Qu'il faut rendre justiçe aux Sujets contre les Iuges corrompus.

Le droit de Souuerain distingué de l'exercice de ce Droit.

I. ON void bien par les choses que i'ay dites quels sont les deuoirs & Offiçes des Sujets en chaque espeçe d'Etat, & ce que les Souuerains y peuuent sur eux: Mais ie n'ay pas dit encore quels sont les deuoirs & Offices de ceux qui commandent, & comment ils doiuent agir enuers leurs Sujets. Or il faut distinguer entre *le droit*, & *l'exercice* de l'authorité Souueraine: car ils peuuent estre separez, soit que celuy qui a ce droit ne puisse assister aux affaires & aux deliberations, ou qu'il ne le veuïlle pas. En effet les Rois bien souuent ne sçauroient pour l'âge où ils sont, vacquer eux-mesmes aux affaires: Et souuent aussi quoy qu'ils le peussent, ils jugent plus à propos de s'en reposer sur des Conseillers & Ministres, qu'ils ont choisis pour cela. Quand le droit de Souuerain se trouue separé de l'exercice de ce droit, le gouuernement de l'Etat se trouue semblable au gouuernement ordinaire du Monde, auec lequel *Dieu*, qui est le premier moteur, produit les effets naturels par l'ordre des causes secondes. Et quand le Souuerain luy-mesme qui a le Droit de regner, veut bien assister en personne à tous jugemens, à toutes deliberations, & aux actions publi-

Chapitre
XIII.

ques : l'adminiſtration eſt telle que ſeroit celle de
Dieu, s'il s'appliquoit luy-meſme outre l'ordre de la
Nature immédiatement à la matiére. Ie parleray
donc en ce chapitre en gros, & en peu de mots, des
offices & deuoirs de ceux qui ont en exercice la puiſſance Souueraine, ſoit à eux en propre ou d'autruy:
Car ie n'ay pas entrepris de deſcendre au détail des
choſes que les Souuerains peuuent faire en chaque
Etat, les vns d'vne façon, les autres d'vne autre:
quand ce ſont choſes de pratique, qu'il faut laiſſer
à qui gouuerne en effet.

11. Les Offices & deuoirs des Souuerains ſont
tous contenus en ce mot. *Le ſalut du Peuple eſt la
Souueraine Loy.* Car bien qu'à proprement parler
ceux qui ont l'authorité Souueraine parmy les hommes ne puiſſent eſtre ſujets aux Loix; ie veux dire
à la volonté des hommes ; puis qu'étre *Souuerain*,
d'autruy, & eſtre *Sujet* à autruy ſont choſes contra-
dictoires : Il eſt pourtant de leur deuoir d'obeïr en
toutes choſes autant qu'il ſe peut *à la droite raiſon, qui
eſt la loy de Nature, Diuine & Morale.* Or puis qu'on
a étably les Etats pour viure en *Paix* ; & qu'on a
cherché de viure en paix pour ſe *conſeruer* ſain &
ſauue : ſi le Souuerain de l'Etat vſoit autrement de
l'authorité Souueraine, que pour le ſalut du peuple, il feroit contre les raiſons de *paix*, c'eſt à dire
contre la *loy de Nature.* Or comme le ſalut du peuple dicte la Loy par laquelle les Princes conoiſſent
leur *Offiçe* : Elle leur enſeigne auſſi l'Art d'en tirer du
Benéfiçe : Car la puiſſançe des Sujets eſt la puiſſançe

Le ſalut du
peuple eſt la
ſouueraine
Loy.

A a ij

de l'Etat, c'eſt à dire du Souuerain.

III. Quand ie dis *le peuple*, ie ne veux pas dire *l'Etat*, & cette perſonne Ciuile qui gouuerne: mais la multitude des Sujets qui ſont regis. Car l'Etat n'eſt pas inſtitüé pour ſoy-meſme, mais pour ſes ſujets. Et toutefois il n'eſt pas tenu d'auoir égard à celuy-cy, ou à celuy-là : Car le Souuerain comme tel ne pour-uoit au ſalut de ſes Sujets, que par ſes Loix, qui parlent en général ; Et ainſi il a ſatisfait à ſon deuoir s'il a pourueu de tout ſon pouuoir par bonnes Con-ſtitutions & Ordonnances, Qu'on ſoit à ſon aiſe pour la plus-part, & le plus long-temps qu'il ſera poſſible ; & que mal n'arriue à perſonne que par ſa faute, ou par accident impreueu, auquel il ait eſté impoſſible de pouruoir. Or il eſt ſouuent expedient pour le ſalut de pluſieurs, *Que mal-arriue à qui n'eſt pas homme de bien.*

IV. Puis quand ie dis *le Salut*, ie n'entans pas ſeulement *la vie ſauue*, mais *la vie heureuſe* autant qu'il ſe peut. Car les hómes ſe ſont Aſſemblez dans les Etats par Inſtitution pour y auoir la vie douce, au-tant que permet la condition de l'hóme. Ceux donc qui ſe ſont chargez d'adminiſtrer l'authorité Sou-ueraine dans ce genre d'Etat, feroient contre la Loy de Nature, puis que ce ſeroit contre la *Créance*, qu'on a priſe en eux, en leur déférant cette authorité, s'ils ne s'étudioient de faire autant qu'il ſe peut par les Loix, que leurs ſujets euſſent en abondançe les choſes néceſſaires, non-ſeulement *à viure*, mais *à bien viure.* Quant aux conquérans qui ſe ſont acquis l'Etat à la pointe de lépée, ils ont interest d'auoir leurs Sujets vigoureux de corps & d'esprit : qu'ils puissent les mieux seruir. Ce seroit donc contre leur propre interest, & leurs fins particuliéres, s'ils ne leur procuroient de tout leur pouuoir, non seulement ce qu'il faut pour *viure*, mais ce qui *rend fort & robuste*.

v. Et premierement tous les Princes croyent, *Qu'il importe sur toutes choses pour le Salut Eternel, des sentimens qu'on a de Dieu, & du Culte qu'on luy rend.* Or cela posé on peut demander si les Souuerains, ou qui exerce leur authorité, ne pechent point contre la loy de Nature ; s'ils ne font enseigner à leurs Sujets la doctrine, & s'ils ne leur font rendre le Culte qu'ils jugent nécessaires pour le Salut : ou qu'ils tolerent le contraire. Il est éuident qu'ils font en cela contre leur propre conscience ; & veulent autant qu'il est en eux la damnation éternelle de leurs Sujets. Car s'ils ne le vouloient pas : comment se pourroit-il qu'étans Souuerains, & n'ayans personne à les contraindre, ils permissent qu'on enseignât à leurs Sujets ; & qu'ils leur laissassent faire des choses, pour lesquelles ils croyent qu'on mérite d'estre damné ? Mais ie laisse là cette difficulté sans la décider.

A sçauoir si le Souuerain est tenu de pouruoir au salut de l'ame de ses Sujets en la meilleure façon qu'il juge en conscience.

vi. On peut distribuër en quatre genres les commoditez des Sujets qui ne regardent que cette vie. *1. Qu'ils soient défandus contre l'Estranger. 2. Qu'ils viuent en paix entre eux : 3. Qu'ils s'enrichissent autant qu'il se peut sans donner jalousie au Souuerain : 4. Qu'ils*

En quoy consiste le Salut du Peuple.

iouïſſent d'vne innocente liberté. Car les Souuerains ne peuuent contribuër de leur part à la felicité publique, qu'en garantiſſant leurs Sujets de toute guerre Etrangere & Ciuile : au moyen dequoy ils puiſſent iouïr des biens qu'ils auront acquis par leur induſtrie.

*Qu'on a be-
ſoin d'eſpions
pour la def-
fençe du pu-
blic.*

VII. Deux choſes ſont neceſſaires pour *la deffen-
ce* du peuple, eſtre *aduerty* par auance & *muny*. Car les Etats & Empires ſont entre eux dans l'Etat de Nature, c'eſt à dire d'ennemy : & qu'ils ceſſent de combattre, ils ne ſont pas en paix pour cela, ils ne font que prendre haleine. Dans ce temps donc on obſerue la demarche & la contenançe de l'ennemy: & cherchant ſes ſeuretés, ce n'eſt point ſur les Pactes qu'on a faits auecque luy, mais par les forces qu'on luy void, & les deſſeins qu'il peut auoir. Meſme tout cela ſe fait par droit de Nature : Car i'ay demonſtré dans l'article dixiéme du chapitre ſecond, *Que dans l'Etat de Nature les pactes ſont inualidés dés qu'il y a iuſte ſujet de ſe défier.* Il faut donc néceſſairement pour la deffançe de l'Etat qu'on ait des gens à penetrer dans les deſſeins de qui peut nuire, & obſeruer ſes demarches. Auſſi les eſpions ſont au Souuerain ce que *les Rayons de lumiere* ſont à l'ame : & nous pouuons mieux dire de la viſion Politique que de la Nature, Que les eſpeçes ſenſibles, & intelligibles des choſes de dehors, y ſont portées par l'air à l'ame, ie veux dire au Souuerain & aux Miniſtres d'Etat, ſans qu'autre s'en aperçoiue : & c'eſt pourquoy ils ne ſont pas moins neceſſaires

pour le bien public, que les rayons de lumiere pour
la conferuation de l'homme : Ou fi on les compare
à ces *toiles d'Araignée* qui s'étandent de toutes parts
en filets fort déliés, & leur donnent à conoître jufques dans leurs petits trous tous les mouuemens du
dehors : le Souuerain ne peut fçauoir fans efpions,
qu'eft-ce qu'il faut qu'il commande pour la deffance de fes Sujets, non plus que l'araignée fans filets
s'il faut fortir, & vers où.

VIII. Puis pour la deffance du peuple il faut
néceffairement qu'on foit *muny* par auançe. Ce que
i'apelle eftre muny eft *auoir des Soldats, des armes, des*
vaiffeaux, des places fortes, de l'argent preft, auant
qu'on en foit preffé: Car de leuer troupes & chercher
armes apres auoir été batu; fi cela n'eft impoffible,
au moins c'eft trop tard: Et de mefme fortifier fes
places, & y mettre garnifon aprés les courfes de
l'Ennemy; c'eft comme difoit *Demofthene* qu'on void
faire aux mal-adroits *de parer aprés le coup.* Quant à
ceux qui s'imaginent qu'on foit à temps de leuer
argent, & pouruoir aux conuois à faire fubfifter fes
troupes, pouruen feulement que ce foit dés qu'on
aperçoit le peril, ils ne confiderent pas combien il
eft difficile d'arracher tout à coup de fi grandes fommes de la bourffe de gens auares. Car les hommes
pour la plus part tienent fi bien à eux en propre ce
qu'vne fois ils ont compté qui fût à eux: qu'ils tienent
auffi à injure, qu'on les contraigne d'en donner pour
peu que ce foit, pour les defpenfes publiques: &
pource qui vient des entrées à l'Epargne, affurément

*Que mefmes
en temps de
paix il faut
pour cela des
troupes, des
armes, des
places fortes
& de l'argent
preft.*

il ne suffit pas à se mettre en deffançe tout à coup.
On ne sçauroit donc pouruoir au salut & à la deffançe de l'Etat, si on ne leue *en temps de paix* de l'argent pour faire la guerre. Puis donc qu'il est nécessaire au Souuerain pour le salut des Sujets de décou-
urir les desseins de l'Ennemy, d'auoir sa frontiere en
armes, & de l'argent prest : Et que le Souuerain est
tenu par la loy de Nature de procurer de tout son
pouuoir le salut de ses Sujets : Il suit que non-seulement il luy est loisible d'auoir des Espions, d'entretenir des soldats, de se fortifier, & de leuer argent
pour cela : Mais mesmes qu'il ne luy est pas loisible
de ne le pas faire. A quoy on peut ajoûter tout ce
dont il jugera pouuoir affoiblir (soit par force ou par
adresse) l'Etranger qu'il a lieu de craindre : Car les
Souuerains sont obligez d'empescher de tout leur
pouuoir que le mal qu'ils craignent n'arriue.

  I X. Mais pour conseruer la paix au dedans il faut
plusieurs choses : car plusieurs choses concourent à
l'y troubler : comme i'ay fait voir au chapitre precedent. l'y ay fait voir qu'il y a des choses qui disposent
à sedition, & d'autres qui y poussent quand on n'y
est disposé. Parmy celles qui disposent i'ay compté
en premier lieu *quelques mauuaises doctrines* : Il est
donc du deuoir des Souuerains & de leurs Ministres
de les arracher de l'esprit des Sujets, & d'y insinuër les
contraires. Mais parce qu'on n'insinuë pas les opinions *en commandant,* mais *en enseignant* : ny par la *Terreur* des peines ; mais par *l'euidençe* des raisons : pour
obuier à ce mal, il faut établir des Loix ; & que ce ne
soit

ſoit pas contre ceux qui errent, mais contre les erreurs. Ces erreurs que i'ay dit au chapitre précédent
qui ſont contraires au repos public ont coulé dans
l'eſprit des gens groſſiers en partie pour les auoir
oüy prêcher dans les Egliſes, en partie des diſcours
familiers d'autres gens, qui faute d'employ vaquent
à l'eſtude ; & dans l'eſprit de ceux-cy , qu'ils les
ont apriſes dans leur bas âge aux Eſcoles, dans les
Vniuerſités. Pour introduire donc à ſon tour vne
bonne & ſaine Doctrine , *il faut commencer par les
Vniuerſités.* C'eſt là qu'il faut jetter dans l'eſprit de
la jeuneſſe les bonnes ſemences, les vrais principes
& bien démontrés de la Doctrine Ciuile ; dequoy
eſtant imbus , ils puiſſent aprés cela en inſtruire le
peuple en particulier & en public. Or ils le feront
auec d'autant plus de joye & d'effet, qu'ils feront
plus aſſurés de la verité des choſes qu'ils enſei-
gneront & précheront. Car puis qu'aujourd'huy
nous voyons certaines propoſitions generalement
receuës à force de les oüir dire, quoy que fauſſes, &
qui n'ont pas plus de ſens que celles qu'on feroit de
quelques mots *tirez au ſort :* à combien plus forte
raiſon ſe laiſſeroit-on abreuer par coûtume de doctrines vrayes, conformes à la raiſon & à la Nature
des choſes? Ie croy donc du deuoir du Souuerain ,
*Qu'il faſſe mettre par eſcrit les Elemens de la vraye
Doctrine Ciuile ; & commande qu'on les enſeigne dans
toutes ſes Vniuerſités.*

x. I'ay fait voir en ſecond lieu que le mal de *Qu'il eſt bon*
cœur pour *la pauureté* où l'on ſe void, diſpoſe à ſe- *pour garder la*

dition ; & que les gens en cet eſtat, au lieu de conſiderer que leur pauureté leur vient par leur propre
faute, & de leurs débauches, ne manquent pas de
l'imputer au mauuais gouuernement de l'Etat: comme ſi c'eſtoient les Charges & Impoſts qui les euſſent épuiſſez & opprimés. Il peut arriuer neanmoins
que cette plainte ſoit iuſte : & c'eſt à ſçauoir quand
les Charges de l'Etat ne ſont pas bien égalées ſur
tous les Sujets. Car ce qui n'eſt qu'vn fardeau leger
pour tous enſemble, deuient lourd & inſuportable
ſi pluſieurs ſe retirent de deſſous. Et ce n'eſt pas tant
le fardeau que cette inégalité qu'on a peine à ſup-
porter : Car on fait à l'enuy les vns des autres à qui
s'en fera exempter ; & dans ce combat, les moins
heureux comme vaincus portent enuie aux plus
heureux. Pour ôter donc tout iuſte ſujet de plainte,
il importe *pour le repos Public*, & par conſequent il
eſt *du deuoir des Souuerains, Que les Sujets portent tous
également les Charges publiques.* D'ailleurs quand ce
que contribuë le Sujet pour le public, n'eſt rien
autre choſe que *le prix de la paix qui l'achete,*, il eſt
raiſonnable que ceux qui participent également à
la paix, payent parties égales de ce qu'on la vend ;
& cela ſoit en argent, ou de leur trauail. Mais c'eſt
vne loy de Nature comme i'ay dit au chapitre troiſiéme dans l'article quinziéme, *Que dans la diſtribu-
tion du droit à autruy on ſe montre égal à Tous :* Les
Souuerains donc ſont tenus par la loy de Nature
*d'impoſer également à leurs Sujets les Charges publi-
ques.*

XI. Ie ne parle pas icy de l'égalité d'argent, mais de Charges : ie veux dire de *l'égalité de raison* entre les Charges qu'on supporte, & le bien qui en reuient : car bien qu'on jouïsse tous également de la paix, le bien qui en reuient n'est pas égal pour tous, puis qu'on acquert plus de bien les vns que les autres, & qu'aussi on en dépense les vns plus, les autres moins. On peut donc mettre en question si c'est à raison du gain ou de la dépense, que le Sujet doiue estre tenu de contribuër au public, ie veux dire si l'on mettra les Taxes *sur les personnes*, que chacun y contribuë selon *ses moyens*, ou *sur les choses*, que chacun y contribuë selon *sa dépense*. Mais si nous considerons d'vne part que pour auoir acquis autant de bien que d'autres, on n'en a pas tousiours autant : quand tel épargne son bien, & que tel autre le dissipe : Et qu'ainsi posé qu'on deût contribuer selon ses moyens, il se trouuerroit que ceux qui auroient également profité de la paix ne porteroient pas également les Charges publiques : Et que d'autre part où l'on impose sur les choses, il se trouue que chacun en dépensant son bien ; dés-là qu'il le despense, paye sans s'en aperceuoir la part qu'il en doit à l'Etat ; & que si ce n'est à raison du bien qui luy reste, c'est à raison de celuy qu'il a eu, ce qui est égal pour tous : Il n'y a plus de doute que la premiere façon de mettre des Imposts ne soit contre l'équité ; & par consequent contre le deuoir des Souuerains ; Et qu'au contraire cette seconde ne soit conforme à la raison ; & à leur deuoir.

Chapitre XIII.

L'équité naturelle veut qu'on ne taxe point le Suiet à raison de ce qu'il possede; mais seulement de sa dépense.

Bb ij

XII. En troisiéme lieu, j'ay trouué contraire au repos public la maladie d'esprit qui vient *d'ambition.* Car il y a beaucoup de gens qui pour se croyre plus sages & plus propres à gouuerner que ceux qui y sont, quand ils ne peuuent montrer autrement qu'ils seruiroient bien l'Etat, le montre en faisant contre. Quand donc on ne peut arracher de l'esprit de l'homme l'ambition & l'auidité d'honneur, les Souuerains n'ont que faire de s'en mettre en peine : Mais ils peuuent enseigner à leurs Sujets par vne administration constante de recompenses, & de peines, Que la voye aux honneurs n'est point de parler mal du gouuernement present, ny de cabaler & gagner par telles voyes le cœur du peuple, mais tout le contraire. *L'homme de bien est celuy qui garde les Loix.* Si l'on voit telles gens que cela recompensez, en honneur & dignité, & les factieux châtiés par qui gouuerne, & cela toûjours constamment ; il y auroit plus de presse à obeïr, qu'à aller contre. Cependant il peut arriuer que ce soit prudence de flatter le Sujet *qui pourroit nuire,* comme on fait du cheual *qui se cabre,* pour la fougue où on le void : mais c'est à faire au Souuerain, comme au Caualier qui se sent presque *des-arçonné :* Et ie parle icy de ceux qui ont leur authorité & puissance en son entier. Il est donc de leur deuoir d'auancer leurs Suiets obeïssans & fidelles, & tenir bas les factieux, autant qu'il sera possible : quand on ne sçauroit autrement conseruer l'authorité, ny sans elle la paix, & le repos de l'Etat.

XIII. Que s'il eſt du deuoir des Souuerains *de contenir les factieux*, à plus forte raiſon l'eſt il *de diſſiper les factions.* I'apelle icy faction *vne multitude de Sujets, vnis ou par pactes entre eux, ou ſous le pouuoir d'vn Chef, ſans l'adueu du Souuerain.* La faction eſt donc comme *vn Etat dans l'Etat.* Car comme l'Etat ſe fait par l'vnion des hommes dans l'Etat de Nature: auſſi par vne autre vnion ils font vne faction. Selon cette definition, *vne multitude de Sujets ayans promis obeïſſance pure & ſimple, ſoit à vn Prince Etranger, ou à quelque autre Sujet, ou qui ont fait Ligue défenſiue entre eux enuers tous & contre tous ſans excepter le Souuerain, ſont vne faction dans l'Etat.* Auſſi auoir gagné le cœur du peuple, ſi l'on y a tant de credit qu'on puiſſe y leuer vne armée, à moins que l'Etat ſe précautionne par ôtages ou autrement, *cela vaut faction.* Et on en peut dire autant *des richeſſes des particuliers, ſi elles ſont exceſſiues:* quand tout obeït à l'argent. Si donc il eſt vray que les Etats & Empires ſoient à l'égard les vns des autres dans l'Etat de Nature & d'Ennemy, le Souuerain qui ſouffre vne faction dans l'Etat, fait la meſme choſe que s'il y ſouffroit *l'Ennemy:* ce qui eſt *contre le bien public;* & par conſequent *contre les Loix de Nature.*

XIV. Deux choſes ſont néceſſaires pour enrichir les Sujets, *le trauail & l'eſpargne,* vne troiſiéme y fait auſſi, ie veux dire *le reuenu* que portent la terre & l'eau; & meſmes vne quatriéme, *la Guerre:* Mais comme le plus ſouuent on s'y ruïne plûtôt que d'y profiter: Ie compte les deux premieres pour les feules néceffaires. De vray vn Etat étably dans vne Ifle maritime, où l'on n'aura de lieu que pour habiter, pourra fans moiffons, & fans pefche s'enrichir par le feul trafic, & par la manufacture. Mais il n'y a pas de doute que s'ils ont auec cela du fonds à culriuer, ils ne puiffent eftre plus riches en mefme nombre, ou auffi riches en plus grand. Quant à la quatriéme chofe, ie veux dire la guerre, c'eftoit autrefois comme vn métier, qu'on apelloit *Brigandage :* & on le crût jufte, & honéte, tandis que le genre humain fut difperfé par familles fans Etats. Car le *Brigandage* n'eft que la *petite guerre.* Et l'on a veu de grands Etats, tels que ceux de *Rome* & *d'Athenes,* s'enrichir à tel point de butin, de contributions, & de terres conquifes, que non feulement ils n'eurent pas befoin de mettre à la Taille leur menu-peuple; mais mefmes ils leur diftribuërent bien fouuent par tefte de l'argent, & des terres à labourer. Mais il ne faut pas compter fur cette façon de s'enrichir : car pource qui eft du gain, *la guerre eft comme le jeu ;* où peu de gens gagnent, & prefque tout le monde perd. Ne comptant donc que trois chofes à enrichir les Sujets, *Les reuenus des biens en fonds, le trauail &* *l'épargne,* les Souuerains ne font tenus de regler que cela feul. Quant à la premiere donc, il eft bon de faire *des Loix en faueur du trauail,* qui améliore les biens en fonds, & augmente le reuenu, comme fait l'*Agriculture &* la *Pefche.* Quant à la feconde : il eft bon de faire des Loix *contre les Faineans,* & pour réueiller l'induftrie : Et le moyen de le faire, eft d'accorder priuileges pour l'*Art de nauiger*; quand c'eſt par luy qu'on fait venir de toutes parts dans l'Etat de toutes ſortes de biens qu'on n'achéte preſque que de ſon trauail ; *Pour les Mecaniques* : ie veux dire pour les Arts à faire les plus beaux Ouurages ; Et *pour les Mathematiques* : quand c'eſt là la ſource d'où vienét l'Art de nauiger & la mécanique. Enfin quant à la troiſiéme choſe il faut *des Loix Somptuaires*, à regler la deſpenſe des particuliers, tant en habits que de bouche. Et puis que telles Loix ſeruent pour la fin que i'ay expliquée, il eſt du deuoir du Souuerain de les faire.

x v. *La liberté des Sujets* ne conſiſte pas à eſtre exempts des Loix Ciuiles, ou que le Souuerain n'ait pas droit de faire telles Loix qu'il luy plaira : mais comme tous nos mouuemens de corps & d'eſprit, & toutes nos actions ne ſont pas reglées par les Loix, & meſmes ne le ſçauroient eſtre pour leur grande diuerſité : il faut néceſſairement qu'vne infinité de choſes, ne ſoient ny commandées ny défanduës, mais qu'on peut faire ou ne pas faire, ſelon qu'on le trouue bon. En ces choſes donc on apelle *l'homme libre* ; on dit qu'il *iouït de ſa liberté* : Et il faut entendre cette liberté, *de cette partie du Droit de Nature, que les Loix Ciuiles permettent & laiſſent à leurs Sujets.* Et comme on void l'eau ſe corrompre, quand pour eſtre renfermée de toutes parts dans vn eſtang elle y croupit : Et que quand elle n'a rien qui la retiéne, elle ſe répand & s'écoule d'autant plus aiſément qu'elle a plus d'iſſuës : De meſme les Sujets

Qu'il ne faut de Loix que des choſes néceſſaires au bien public & des particuliers

s'engourdiroient s'ils ne faisoient rien que les Loix n'eussent ordonné, & viendroient à se des-vnir, ce qui causeroit la dissolution de l'Etat, s'ils faisoient toutes choses contre. Aussi plus les Loix ont laissé de choses sans déterminer, plus a-t-on de liberté. Les deux extrémes sont vicieux : car on n'a pas trouué les Loix pour empescher nos actions, mais seulement pour les diriger: de mesme que la Nature n'a pas disposé les riuages pour arrester, mais pour conduire le cours des riuieres. Enfin on doit mesurer cette liberté par le bien public, & des particuliers : Et ainsi c'est contre le deuoir des Souuerains, qui seuls ont l'authorité de faire des Loix, *Qu'il y en ait plus dans leur Etat qu'il n'est besoin pour le bien public, & des particuliers.* En effet comme on a accoûtumé de déliberer plûtôt par raison naturelle, que par science de Loix, sur ce qu'on doit faire & obmettre : quand il y a tant de Loix que mal-aisement s'en peut on ressouuenir, & qui deffandent ce que la raison seule ne deffand pas, il faut nécessairement que par ignorance sans mauuaise intention, on donne contre les Loix, comme *contre des panneaux tandus à cette innocente liberté*, que les Souuerains sont tenus par la loy de Nature *de conseruer à leurs Sujets.*

XVI. C'est encore vne grande partie de cette liberté qui ne nuit point à l'Etat, & est si nécessaire aux particuliers pour viure heureux, *Qu'on n'ait à craindre de punition que celle à quoy on peut s'attandre.* Or cela arriue quand il n'y a point de peines prescrites, ou qu'y en ayant on en exige point de plus grandes.

des,

des. Quand il n'y en a point d'établies, le premier
qui viole la Loy s'attend d'en souffrir vne *indéfinie*,
ou arbitraire : & on suppose sa crainte *infinie*, qui
l'est d'vn mal infiny : Mais en ces cas la Loy de Nature ordonne à qui n'est pas sujet aux Loix Ciuiles,
ie veux dire au Souuerain, ainsi que i'ay expliqué
dans l'article onziéme du chapitre troisiéme, *Qu'en
toute vangeance & punition on n'ait pas égard au mal
passé, mais au bien à venir*; Et ainsi ce seroit pecher
que de mesurer les peines arbitraires autremét qu'au
bien public. Mais quand la peine est definie & pres-
crite, soit par la Loy, comme quand elle dit expresse-
ment, *Qui fera cela, souffrira cela*; ou par la pratique;
comme quand la peine qui étoit arbitraire du com-
mancemét (la Loy ne l'ayant point definie) a esté de-
rermiée en suitte par le châtiment du premier coupable; Puis que l'équité naturelle veut qu'on punisse également ceux qui sont également coupables:
ce seroit contre la loy de Nature d'exiger des peines
plus grandes que les peines déja prescrites. De vray
la fin du Châtiment n'est pas de forcer la volonté,
mais de la former & la rendre telle que veut celuy
qui prescrit la peine; & deliberer n'est rien autre chose que peser comme dans vne balance le bien, & le
mal qui reuient de ce qu'on propose de faire: *où le plus
fort l'emporte nécessairement*. Si donc le Legislateur
donnoit pour *contre-poids* au crime vne peine *si foible*
que la crainte qu'on auroit ne l'emportât pas sur le
desir de pecher, *le surplus* de ce desir par dessus la
crainte, qui feroit commettre le crime, deuroit étre

Cc

Chapitre XIII.

Qu'il faut rendre justi ce aux Sujets contre les Iu ges corrompus.

attribué au Legiſlateur, c'eſt à dire au Souuerain. Et c'eſt pourquoy s'il venoit à punir de peine plus grande que celle qu'il auroit preſcrite, *il puniroit ſa propre faute en autruy.*

XVII. Il eſt auſſi de cette *innocente liberté,* ſi neceſſaire au particulier, qu'il puiſſe iouïr ſans crainte des droits que laiſſent les Loix. Car en vain les Loix mettroient-elles de la diſtinctió entre *le noſtre, & le bien d'autruy,* s'ils deuoient ſe confondre derechef par faux iugemens, par vols, & larcins. Mais toutes ces choſes arriuent *quand on peut corrompre ſes Iuges:* Car la crainte qui détourne de mal faire ne vient pas de ce *qu'il y a* des peines établies, mais de ce *qu'on les exige,* car on juge de l'auenir par le paſſé, & rarément s'atandra-t-on à ce qui n'arriue que rarement. Si donc les Iuges pour s'eſtre laiſſez corrompre par preſens ou par faueur, ou touchez de compaſſion remettent ſouuent la peine que porte la Loy ; & donnent par ce moyen eſperance d'impunité aux méchans : les gens de bien ſe trouuerront enuironnez d'aſſaſſins, de voleurs, & de filoux ; ils ne ſçauront viure enſamble, ny meſmes ſe remuër ; En vn mot cela détruira l'Etat : Et voila chacun dans ſon droit de ſe deffandre ſoy-meſme, comme bon luy ſemblera. La Loy de Nature ordonne donc aux Souuerains, non ſeulement de rendre juſtice eux-meſmes, mais encore de *contraindre par peines les Iuges* qu'ils ont établis de la rendre auſſi. Ie veux dire qu'ils doiuent préter l'oreille aux plaintes de leurs Sujets, *& donner de temps en temps des Commiſſaires à leurs Igues ordinaires.*

LES
ELEMENS
DE LA
POLITIQVE.

CHAPITRE QVATORZIESME.

Des Loix & des Péchés.

I. *Comment diffère* la loy du Conseil. II. *Comment elle diffère*
du pacte. III. *Comment* du Droit. IV. *Diuision des loix en Di-*
uines & Humaines; & des Diuines en Naturelles & Positiues;
& des Naturelles en celles des simples particuliers, *& celles*
des Nations. V. *Diuision des Loix Humaines, c'est à dire des*
Loix Ciuiles en Sacrées *&* Seculieres. VI. *En distributiues &*
vindicatiues. VII. *Que la Distributiue & la Vindicatiue ne sont*
pas deux especes, mais deux parties de Loy. VIII. *Qu'il faut*
sous-entandre vne peine *appposée à toute Loy.* IX. *Que les pré-*
*ceptes du Décalogue, d'*Honorer ses parens, Ne tuër point,
Ne dérober point, Ne commettre point adultére, Ne
rendre point faux-témoignage *sont les Loix Ciuiles.* X. *Qu'on*
ne peut rien ordonner par aucune Loy Ciuile contre la loy de Na-
ture. XI. *Qu'il est de l'essence de la Loy qu'on la* conoisse, *& son*
Legislateur. XII. *Par quoy on conoit* le Legislateur. XIII. *La*

FAute de peser comme on deuroit la force des termes, & leur sens propre, on confond *la Loy* quelquefois auec *le Conseil,* quelquefois auec *le Pacte,* quelquefois auec *le Droit.* C'est la côfondre auec *le Conseil,* que de croyre le Souuerain obligé, non seulement à prendre aduis de ses Conseillers, mais mesmes à le suiure: cóme si c'estoit en vain qu'on prît conseil, quand on ne fait pas ce qui a esté conseillé. Pour distinguer entre le Conseil & la Loy, il faut voir la difference du *Conseil* & du *Commandement.* Or le Conseil est vn precepte où la raison d'obeïr se prend *de la chose ordonnée;* Et le commandement est vn precepte, où la raison d'obeïr se prend *de la volonté de qui le donne.* Car on ne sçauroit proprement dire VOVLONS, ET MANDONS: si l'on ne peut dire aussi, CAR TEL EST NOSTRE BON PLAISIR. Puis donc qu'on n'obeït pas aux Loix pour les choses qu'elles

ordonnent, mais parce qu'il plait au Legiflateur : la
Loy n'eft pas *un Confeil*, mais *un Commandement*;
Et il la faut définir en cette forte : *La Loy eft le Com-*
mandement du Souuerain, foit Monarque ou autre ; dont
le Précepte contient la raifon d'obeir. Ainfi on doit
apeller Loix les Commandemens de Dieu à l'homme, du Roy au Sujet, & en vn mot de toutte puiffance à qui ne fçauroit refifter. Car la Loy eft de celuy *qui a* puiffance ; le Confeil, de celuy qui *n'en a*
point : Il eft *du Deuoir* de faire ce que commande la
Loy ; il eft *du bon-plaifir* de faire ce qu'ordonne le
Confeil : Le Confeil eft pour les fins *de qui prend*
Confeil ; la Loy pour les fins *de qui la donne* : Le
Confeil n'eft que pour qui le *veut* ; La Loy mefmes
pour qui n'en *veut point* : Enfin *le droit de Confeiller*
ceffe comme il plaît à qui prend confeil ; *Le droit de*
Legiflateur ne ceffe point au gré de qui reçoit la Loy.

11. C'eft confondre *la Loy & le Pacte*, que de croire
que les Loix ne foient autre chofe que des formules
de viure, dequoy on ait conuenu : *Ariftote* l'a crû, ce
femble ; qui donne cette definition : *La Loy eft le*
Difcours définy par le commun confentement de l'Etat, qui
montre & defigne comment faire chaque chofe. Definition qui ne l'eft pas fimplement de toute Loy, mais
feulement de la Loy Ciuile. Car il eft éuident que les
Loix Diuines ne font pas venuës du confentement
des hommes, non plus que les loix de Nature : car fi
elles venoient de là, elles pourroient eftre abrogées
de mefme: & elles font immüables. Mefmes à prendre cette definition feulement pour la Loy Ciuile,

Comment el-
le differe du
Pacte.

elle n'eſt pas bonne. Car où l'on y prend *l'Etat* pour *vne ſeule* perſonne Ciuile, ayant ſa volonté vnique : ou pour vne *multitude* & vn nombre de gens, ayans chacun leur volonté & franc-arbitre : Si c'eſt pour vne perſonne : mal à propos y met-on ces termes *par le commun conſentement* : car vne meſme perſonne n'a pas *vn commun conſentement* : Et il ne falloit pas dire non plus, *qui montre & deſigne* : mais qui *enjoint, & commande ce qu'on doit faire.* Car que l'Etat *montre,* & donne à entandre, cela s'apelle qu'il *commande.* Quand donc Ariſtote a dit l'*Etat,* il a voulu dire *vne multitude*, & vn nombre de gens, qui ayent marqué & deſigné de leur cómun conſentement, par exemple par vn Ecrit confirmé par ſuffrages, certaines *formules* de viure. Or telles *formules* ne ſont que des *Pactes mutuels*, qui n'obligent perſonne, & par conſequent ne ſont Loix qu'aprés l'authoritéSouueraine établie, qui puiſſe contrainde à les obſeruer, & donne ſes ſeuretés à qui les obſeruera, contre qui n'en fera rien. Les Loix donc, ſelon cette definition d'Ariſtote, ne ſont que des pactes nuds & inualides, leſquels quand il y aura vn Souuerain deuiendront Loix, ou ne le deuiendront pas, comme bon luy ſemblera. Ariſtote donc a confondu *les Pactes* auec *les Loix,* ce qu'il ne deuoit pas faire. Car le Pacte eſt *vne promeſſe* ; la Loy *vn Commandement* : Dans le Pacte on dit *ie feray* ; dans loy *faites* : Par le Pacte *on eſt obligé* ; & on doit faire à cauſe qu'on a promis ; par la Loy *on eſt tenu à ſon obligation* ; & de crainte de la peine on eſt *contraint* d'obeïr : Le Pacte oblige *par*

foy; La Loy tient obligé *en vertu du Pacte général*
d'estre sujet: Et c'est pourquoy dans le Pacte on détermine *plûtôt* ce qu'il faut faire, que d'estre obligé
à le faire; mais dans la Loy on est·premierement
obligé à faire, & *puis* ce qu'on doit faire est deter-
miné. Aristote donc (pour le nommer encore vne
fois) deuoit definir la loy Ciuile en cette sorte : *La*
Loy Ciuile est le Discours definy par la volonté de l'Etat ,
qui commande ce qu'on doit faire : Et sa definition eût
esté la mesme que i'ay aportée dans l'article neuuiéme du chapitre sixiéme : *Que les Loix Ciuiles sont les*
Commandemens du Souuerain, quant aux actions à faire
par ses Sujets.

111. Enfin c'est confondre *la Loy* & *le Droit* que
de perseuerer à faire ce que le Droit Diuin laisse
loisible, quand la loy Ciuile le deffand. La loy Ciuile ne peut ny permettre ce que deffand la loy Diuine, ny deffandre ce qu'elle commande: Mais cela
n'empesche pas qu'elle ne puisse deffandre ce que
le droit Diuin laisse loisible. Car les Loix inferieures
peuuent restraindre la liberté que laissent les Superieures, quoy qu'elles ne puissent la rendre plus ample. Or *le Droit est la liberté naturelle* , que les Loix
n'ont pas établie, mais laissée : car ôté les Loix, la
liberté est entiere. *La Loy de Nature & Diuine* la restraint la premiere ; puis *les Loix Ciuiles* restreignent
le reste ; Et ce que la loy Ciuile en a laissé sans restri-
ction, peut estre restraint en suitte par les *Constitutions*
particulieres des Villes , & des Communautez. Il y a
donc grande difference entre *la Loy* & *le Droit* : car la

Loy est *le lien*, & le Droit *la liberté*; & ils different *comme contraires.*

IV. On peut diuiser toutes les Loix en premier lieu pour leurs diuers Autheurs, en *Diuines & Humaines:* Puis la loy Diuine est double, pour les deux façons que Dieu fait conoître sa volonté aux hommes; c'est à sçauoir, loy *de Nature* ou loy *Morale*, & loy *Positiue.* La loy de Nature est celle que Dieu a notifiée, & donnée à entandre aux hommes, *par sa Parole Eternelle qui est en eux;* ie veux dire *Par la lumiere Naturelle ou droite-Raison* (Et c'est elle que i'ay tasché d'expliquer dans tout ce Liure.) La loy *Positiue* est celle que Dieu nous a notifiée par sa Parole *Prophétique*, par laquelle il a parlé aux hommes comme font les hommes: telles que font les Loix qu'il donna aux Iuifs, touchant la police & le culte Diuin; Et on peut les appeller *loix Diuines-Ciuiles*, en ce qu'elles estoient particulieres à l'Etat des Israëlites, vn peuple particulierement à Dieu. Derechef on peut diuiser la loy de Nature en *Loy-de-Nature-pour-les-hommes*, qui est la seule qu'on apelle ainsi, & *Loy-de-Nature-pour-les-Etats*, qu'on pourroit apeller *Loy des Nations*, & qu'on apelle communement *le Droit des Gens:* car leurs preceptes font les mesmes. Et comme tout Etat & Empire si tost qu'il est étably se trouue reuétu des proprietez personelles de l'homme: cette mesme loy que nous apellions loy de Nature, à parler seulement des deuoirs & offices de chaque homme enuers toutautre, s'apelle le droit des Gens, quand on l'aplique aux Etats entiers, aux Peuples & Nations:

Nations: Et qu'on aplique aux Etats & Peuples entiers les Elemens que i'ay donnez iufqu'icy de la loy,
& du droit de Nature: on pourra les nommer *les Ele-*
mens du droit des Gens.

v. *Toute loy Humaine eſt loy Ciuile.* Car à conside-
rer les hommes hors de l'Etat & Societé Ciuile, comme c'eſt l'Etat de la guerre vniuerſelle, où nul n'eſt
Sujet à autruy, ils n'ont pour toutes loix que ce que
dicte la droite-Raiſon, qui eſt la loy Diuine: Et ſi
nous les conſiderons dans l'Etat, & Societé Ciuile,
l'Etat ſeul, ie veux dire le Sounerain ſeul, y fait les
loix; & ainſi elles ſont toutes loix Ciuiles. Maintenant on les peut diuiſer pour leur diuerſité de matiere en *Sacrées* & *Séculiéres.* Les Sacrées ſont celles
qui regardent la Religion, ie veux dire les ceremonies, & le culte qu'on rend à Dieu; & qui reglent
quelles perſonnes, quelles choſes, & quels lieux
luy conſacrer; & auec quelles ceremonies; auſſi
quelles opinions enſeigner publiquement touchant
la Nature diuine; en quels termes, & comment faire
les prieres; & autres choſes ſemblables. Et ces loix
ne ſont definies par aucune loy Diuine poſitiue: car
les loix Ciuiles Sacrées qu'on apelle auſſi *Eccleſiaſti-*
ques, ſont *loix humaines.* Quant aux *Séculiéres,* on les
apelle du nom general *loix Ciuiles.*

vi. Derechef la loy Ciuile a deux parties: *la Di-*
ſtributiue, & la *Vindicatiue* : Et cela pour les deux
choſes que doit le Legiſlateur, l'vne *de Iuger,* l'autre
de Contraindre à garder ſes jugemens. La diſtributiue
eſt celle par laquelle on diſtribuë à chacun ſon droit:

Diuiſion des
Loix Humai-
nes, c'eſt à dire
de loix Ciuiles
en Sacrées &
Séculieres.

En Diſtri-
butiues &
Vindicatiues.

c'eſt à dire qui établit des Regles de toutes choſes,
au moyen dequoy nous ſçachions ce qui eſt à nous
en propre ou d'autruy : qu'on ne nous empeſche
point d'vſer & de iouïr *du Noſtre*, & que n'empeſ-
chant perſonne d'vſer & de iouïr *du ſien*, on ſçache
ce qu'il eſt permis à chacun de faire ou obmettre, &
ce qui n'eſt pas loiſible. La vindicatiue eſt celle qui
definit les peines à exiger de qui viole la Loy.

VII. Or la diſtributiue & la vindicatiue ne ſont
pas deux *Eſpeces*, mais deux *parties* de Loy. Car ſi
par exemple la Loy ne diſoit que cecy (*Tout ce que
vous prendrés en Mer, dans vôtre filé ſera vôtre*) elle
le diroit en vain : Car vn autre vous ôtât-t-il ce que
vous auriez pris dans vôtre filé, cela n'empeſcheroit
pas que la choſe ne fût toûjours vôtre, puis que dans
l'Etat de Nature où tout eſt commun à tous, la meſme choſe eſt à vous & à autruy : Ainſi ce que la Loy
definit vôtre, l'eſtoit meſme *auant* la Loy, & ne ceſſe
point de l'eſtre, *aprés* qu'vn autre le poſſede. La
Loy donc n'y fera rien : ſi on ne la prend en ce ſens,
*Qu'elle deffande à tout autre de vous empeſcher de jouïr
de ce qu'elle veut qui ſoit vôtre, & d'en diſpoſer en tout
temps comme bon vous ſemblera* : car ce n'eſt pas aſſez
pour auoir la proprieté que vous *puiſſiés* iouïr de la
choſe; il faut que vous le *puiſſiés ſeul* ; & qu'ainſi
il ſoit deffandu à tout autre de vous empeſcher, mais
en vain ſeroit la deffance ſans la *crainte* d'vne peine :
La Loy donc ſeroit en vain qui n'auroit pas deux parties, l'vne à deffandre de faire tort, l'autre à punir
qui le fait. La premiere de ces deux parties qu'on ap-

pelle *Diſtributiue* eſt vne *Deffance*, & parle à *Tous* en
general, & à chacun en particulier: La ſeconde qu'on
nomme *vindicatiue* eſt vn *Commandement*, & ne parle qu'aux *ſeuls* Miniſtres publics.

CHAPITRE
XIV.

VIII. D'où l'on entend auſſi que toute loy Ciuile
a *vne peine* attachée, ſoit expliquée, ou ſous en-
tenduë: Et que ſi la peine ne s'y trouue definie, ny
par Ecrit, ny par l'exemple de quelque criminel puny, elle eſt cenſée arbitraire, telle qu'il plaira au Legiſlateur, qui eſt toûjours le Souuerain. Car en vain
ſeroit la Loy qu'on violeroit impunement.

*Qu'il faut
ſous - entendre
vne peine ap-
poſée à toute
Loy.*

IX. Or puis que c'eſt en vertu des loix Ciuiles
qu'vn chacun a ſon droit *en propre*, diſtinct de celuy de tout autre, & qu'il eſt deffandu de ſe ſaiſir *du
bien d'autruy*: il s'enſuit que ces Preceptes, *Tu ne re-
fuſeras point à tes Parens l'honneur qu'ont deſiny les
Loix: Tu ne tuëras point celuy qu'elles te deffandent de
tuer: Garde toy de tout commerce deffandu entre homme
& femme: Tu ne prendras point le bien d'autry contre
ſon gré: Tu ne rendras point les Loix en vain, ny les
jugemens par faux témoignage:* Tous ces Preceptes
(dis je) ſont *loix Ciuiles.* A la verité la loy de Nature
ordonne la meſme choſe: mais c'eſt comme on dit
implicitement. Car la loy de Nature *enjoint de garder ſes
pactes*, ainſi que i'ay expliqué dans l'article ſecond
du chapitre troiſiéme ; & par conſequent *d'obeyr*
quand on l'aura promis, & de s'abſtenir du *bien d'autruy*, quand on ſçaura par les loix Ciuiles ce que c'eſt
que le *bien-d'autruy*: Mais par l'eſtabliſſement de
l'Etat, tout ſujet, comme i'ay fait voir dans l'arti-

*Que les Pré-
ceptes du Dé-
calogue d'Ho-
norer ſes pa-
rens, ne tuër
point, ne de-
rober point,
ne commet-
tre point
adultere, ne
rendre point
faux témoi-
gnage, ſont
loix Ciuiles.*

cle treziéme du chapitre fixiéme, promet par pacte
obeïſſance au Commandemens du Souuerain, c'eſt
à dire aux loix Ciuiles , meſmes auant que de pouuoir les violer : La loy de Nature donc deffand par
ce moyen les choſes que deffand la loy Ciuile. Or
qu'à cela prés elle ne les defandît pas : c'eſt que la
loy de Nature obligeoit dans l'Etat de Nature: Et
là en premier lieu , puis que la Nature auoit donné
toutes choſes à tout homme, nul n'auoit rien *à ſoy
en propre*; & par conſequent on n'y pouuoit prendre *le bien d'autruy* : En ſecond lieu , tout y eſtoit en
commun; & par ce moyen *tout commerce* d'entre homme & femme loiſible : En troiſiéme lieu, c'eſtoit là
l'*Etat de guerre* de tout homme , contre tout autre ;
& par conſequent on auoit droit de *tuer* : En quatriéme lieu, tout y eſtoit definy par le *jugement particulier* d'vn chacun; les *honneurs* donc à rendre à ſes
parens l'étoient comme tout le reſte : Enfin il n'y
auoit point de *jugemens publics*; on ne pouuoit donc
y rendre *ny vray, ny faux témoignage.*

　　　x. Puis donc que l'obligation d'obſeruer ces
Loix, comme étant contenuë dans l'établiſſement
de l'Etat, en vertu de la loy de Nature, qui deffand
de violer ſes pactes, a eſté auant la promulgation de
ces meſmes Loix: on void que *la loy de Nature commande d'obſeruer toutes les loix Ciuiles.* Car où l'on
eſt tenu d'obeïr auant que de ſçauoir ce qui ſera
commandé, on eſt tenu d'obeïr en toutes choſes generalement. D'où il ſuit, *Qu'il ne peut y auoir de loy
Ciuile, contre la loy de Nature* : Sinon qu'elle fût au

mépris de Dieu : car pource qui eſt de cela les Etats
meſmes à l'égard de Dieu ne ſont pas de leur droit,
& leurs propres Maiſtres ; & on ne peut dire qu'ils
faſſent des Loix. En effet quoy que la loy de Nature
deffande le *Larcin* & l'*Adultere*, ſi la loy Ciuile commande de ſe ſaiſir de quelque choſe, ce n'eſt ny
Adultere ny larcin. Ainſi quand la *Republique de Lacedemone* permit aux enfans de ſe prendre certaines
choſes, ſous certaines conditions, ce n'eſt pas qu'elle aprouuât le larcin: Mais elle voulût qu'on fit *ſien*
ce qu'on prendroit de la ſorte : Et ainſi qui le faiſoit
ne déroboit pas, mais *acqueroit juſtement*. Et de meſme parmy les Payens, toute conjonction des deux
Sexes ſelon les Loix eſtoit *mariage légitime.*

X I. Il eſt néceſſaire pour l'Eſſence de la loy que
deux choſes ayent été renduës notoires aux Sujets :
La premiere, *Quel eſt* l'homme ſeul & vnique, ou le
Conſeil & Aſſemblée de quelques hommes, qui a
l'authorité Souueraine, & par conſequent le pouuoir
de faire des loix ; La ſeconde, *Qu'eſt-ce* que dit la
Loy. Car on ne ſçauroit obeïr ſi l'on ne ſçait *à qui*, &
en quoy: Et c'eſt comme ſi on n'eſtoit pas obligé. Ie
ne dis pas qu'il ſoit neceſſaire à l'Eſſance de la loy
que ces deux choſes ſoient toûjours connuës; mais
ſeulement qu'elles l'ayent été vne fois: Que ſi aprés
cela le Sujet ne ſe ſouuient plus ou *du droit du Legiſlateur* ou de ſa *Loy*, il ne laiſſera pas d'y eſtre tenu:
puis qu'il euſt pû s'en reſſouuenir, s'il eût eu la volonté d'obeïr qu'ordonne la Ioy de Nature.

X I I. Il depend du Sujet de conoiſtre le Legiſ-

*Qu'il eſt de
l'eſſence de la
Loy qu'on la
connoiſſe & ſon
Legiſlateur.*

lateur, puis que le droit de faire les loix n'a pû eſtre
conferé que de ſon conſentement, & en vertu de
ſon pacte, ſoit *exprés* ou *ſous-entandu*. Ce pacte eſt
exprés quand on ſe trouue au commancement que
s'établit vn Etat, & parmy ceux qui promettent obeïſſance au Souuerain : Il eſt tacite & ſous-entandu de
ce qu'on vient prendre part au bien qui reuient de
l'authorité Souueraine, & de l'Etat étably, d'eſtre
protegé par ſes loix enuers tous & contre tous. Car
en demandant que pour nôtre propre intereſt nos
Concitoyens *obeyſſent à quelqu'vn*, nous auoüons
ſon authorité *légitime* : Et ainſi quand on ſçait aſſez
ce que de vray on a fait : on ne ſçauroit prétandre
cauſe d'ignorance du pouuoir de faire les loix.

XIII. Mais il depend du Legiſlateur qu'on conoiſſe les Loix qu'il a faites, puis qu'il en doit faire
la Promulgation, ſans quoy ce ne ſeroient pas des
loix. Car la loy eſt *le Commandement* du Legiſlateur :
& le Commandement eſt vne *Déclaration de la volonté* : Il n'y a donc point de loy, ſi la volonté du Legiſlateur n'eſt déclarée ; Et elle l'eſt par la Promulgation. Or on doit étre aſſuré de deux choſes dans
la promulgation, l'vne, que celuy ou ceux qui la
font ayent *Droit* eux-meſme de faire la loy, ou la pu-
blient de l'authorité de celuy ou de ceux qui ont ce
Droit : l'autre, du *Sens* de la loy. Quant au premier
qui eſt de ſçauoir ſi les loix qu'on publie vienent du
Souuerain : On ne peut en eſtre aſſuré, ie veux dire
qu'à proprement parler, & en Philoſophe on ne le
peut ſçauoir, à moins que de l'auoir oüy de la propre

bouche du Souuerain : autrement on ne fait que le
croire. Mais les raisons de croyre font fi grandes,
qu'à peine eft il poffible de ne croyre pas. Et de vray
dans l'Etat Democratique, où chacun peut fe trouuer s'il veut à faire les loix , les abfens doiuent en
croyre ceux qui y ont affifté. Mais dans les Monarchies & Ariftocraties, où il eft permis à peu de gens
d'oüir eux mefmes de leurs oreilles les Commandemens du Monarque, & du Cenfeil d'Etat, il a fallu
neceffairement donner pouuoir à ce petit nombre
de les publier aux autres : Et nous reçeuons pour
Edicts & Déclarations du Roy, ce que nous donnent
pour tel , foit par écrit ou de viue voix , ceux qui ont
charge de le faire. Ainfi auec ces raifons de croyre
qu'on ait veu le Monarque ou les Seigneurs & Etats
fe feruir conftamment des tels *Confeillers, Scribes,
Sergens & Sceaux* , & autres fignes & argumens à declarer la volonté Souueraine : Et qu'on ait veu punir ceux qui pour n'auoir pas ajoufté foy à telles Pro-
mulgations , ont tranfgreffé la Loy : non feulement
on eft excufé par tout le monde de ce qu'on y ajoûte foy , & qu'on obeït aux Edicts & Ordonnances;
mais mefmes on eft châtié de n'y pas croire , & qu'on
manque d'obeïr. Car le Souuerain permette que cela fe faffe *conftamment*, c'eft vn figne & vne *Déclaration* fuffifante de fa volonté : pourueu qu'il n'y ait rien
dans la Loy, dans l'Edict & dans le Decret, qui de-
roge à fon droit de Souuerain : car pource qui eft
de cela, il n'eft pas à croyre que tandis qu'il eft en
volonté de regner , il entende qu'aucun de fes Mi-

niſtres ou Officiers empiete ſur ſon authorité. Quant au *ſens* de la Loy quand on en doute, il faut s'en rapporter à ceux à qui le Souuerain *a attribüé* de conoître des cauſes, & d'en juger. Car *juger* n'eſt rien autre choſe qu'*en interpretant les Loix les appliquer aux cas particuliers :* Et on conoît quelles gens ont cette Charge, comme on conoît ceux qui l'ont de faire publier les Loix.

XIV. Derechef la Loy Ciuile eſt de deux eſpeces, pour ſes deux façons de promulgation : l'*Ecrite*, & la *Non - Ecrite.* Par l'Ecrite j'entans celle qui pour eſtre Loy à beſoin de la parole, ou de quelque autre ſigne de la volonté du Légiſlateur. Car tout genre de Loix eſt de ſa Nature & pour le temps auſſi ancien que le genre humain : Et par ce moyen plûtôt que l'inuention des Lettres, & que l'art d'Ecrire. L'*Ecriture* n'eſt donc pas neceſſaire à la Loy Ecrite, mais *la parolle* ou autre ſigne : Celle-cy ſeule ſert à l'eſſençe de la Loy : l'autre, à s'en reſouuenir. De vray nous auons dans les Hiſtoires du vieux Temps, qu'auant les Lettres trouuées à ayder la memoire, on mettoit les loix en vers qu'on aprenoit à chanter. La *Non-écrite* eſt celle qui n'a beſoin d'autre promulgation que de *la voix de la Nature,* ie veux dire de la raiſon : telles que ſont les loix de Nature. Car la loy de Nature quoy qu'on la diſtingue de la loy Ciuile, entant qu'elle commande à la volonté, eſt neanmoins loy Ciuile à l'égard des actions : Par exemple celle-cy *Tu ne conuoiteras
point.*

point, qui regarde feulement la volonté n'eſt qu'-
vne *loy de Nature* : Mais cette autre, *Tu ne pren-*
dras point, eſt loy *de Nature & loy Ciuile*. Car étant
impoſſible de preſcrire des Reigles Vniuerſelles à
juger tous les procez à venir, qui peut-étre ſont in-
finis, il faut entendre qu'en tous les cas que la loy
Ciuile a obmis on doit ſuiure la loy de l'équité Naturelle qui commande *de rendre à gens égaux choſes*
égales : Et cela en vertu de la loy Ciuile, qui punit
meſmes ceux qui font quelque choſe à éſcient contre la loy de Nature.

<table>
<tr><td>

XV. Ces choſes ainſi expliquées on void auſſi
qu'on ne doit pas apeler loix Ecrites les loix de Na-
ture, de ce qu'on les trouue *écrites* dans les Liures
des Philoſophes : En ſecond lieu que les *écrits &*
déciſions des Iuris Conſultes, ne ſont pas des loix ;
Et cela pour leur défaut d'authorité Souueraine :
Et enfin que *les Reſponſes des gens prudens* comme ils
les apellent, ou *gens prudes* c'eſt à dire les *Sentances*,
Ordonnances & Arreſts de Iuges gens de Palais ne ſont
loix qu'entant que du *conſentement* du Souuerain,
ils ont paſſé en coûtume. Quand donc apres cela
on les met au nombre des loix Ecrites, ce n'eſt pas
en vertu de la Coûtume, qui ne ſçauroit d'elle meſ-
me établir de loy : Mais pour la volonté du Sou-
uerain, qu'on infere de ce qu'il a permis que l'Arreſt
quel qu'il fût équitable ou non paſſaſt en Coûtume.

</td><td>

Que les De-
ciſions des
gens de Palais,
ny les Arreſts,
ny les Coûtu-
mes *ne ſont*
Loix par elles-
meſmes : mais
par le conſen-
tement du Sou-
uerain.

</td></tr>
<tr><td>

XVI. *Le peché* à prendre ce terme dans le ſens
le plus étandu comprend tout ce qu'on *fait*, qu'on
dit, ou qu'on *veut contre la droite raiſon*. Car vn

</td><td>

Ce qui ſignifie
le nom de peché
dans ſon ſens la
plus étandu.

</td></tr>
</table>

chacun cherche en raiſonnant des moyens à la fin qu'il ſe propoſe. Si donc il raiſoñne juſte, ie veux dire que commançant par des principes tres-éuidens il faſſe le tiſſu de ſon diſcours de conſequençes tout de ſuitte toutes neceſſaires : il ira le droit chemin : autrement il s'ecartera ; ie veux dire qu'il fera, dira, ou entreprendra quelque choſe contre ſes propres fins. Or cela s'appelle tomber en erreur, & *Errer* pource qui eſt du raiſonnement ; & *pecher*, ou faire vn peché, pour ce qui eſt de l'action faite, & de la volonté qu'on a. Car *le peché* ſuit *l'Erreur* comme *la volonté* fait *l'entandement*. Et c'eſt-là l'acception la plus ample de ce terme *le peché*, qui contient tout ce qu'on fait par imprudençe, ſoit contre la loy ou non : comme de ruïner la maiſon d'autruy, ou de ſe bâtir ſur le ſable.

Définition du peché.

XVII. Mais en matiere de loix ce mot *le peché* a ſon ſens moins étandû ; & ne ſignifie pas tout ce qu'on fait contre la droite raiſon, mais ſeulement ce qu'on fait *dont on puiſſe eſtre blâmé* (le Latin le

** Culpari.*

dit * en vn mot d'où vient celuy de mal-de coulpe) cependant il ne s'enſuit pas qu'on doiue apeller peché ou coulpe, tout ce dont on eſt blamé : Mais ſeulement quand on l'eſt *auec raiſon* : Il faut donc voir ce que c'eſt que blâmer auec raiſon, & contre raiſon. L'homme eſt tel de ſa nature qu'vn-chacun apelle *bien* ce qu'il ſouhaiteroit qu'on luy fît, & *mal* ce qu'il taſche d'éuiter. Il arriue donc pour nos diuerſes paſſions que tel homme apelle bien, ce que tel autre apelle mal ; & qu'vn meſme homme aſſure

la mefme chofe tantôt *bonne*, tantôt *mauuaife* & bonne en *luy mefme*, mauuaife *en autruy*. Car nous iu-
geons du bien & du mal par le *plaifir* ou la *peine*
qu'il nous fait, ou que nous attandons qu'il nous
faffe. Maintenant comme il nous fafche de ce que
font nos ennemis qui leur reüffit, quand cela les
rend plus puiffants, & qu'on n'ayme pas auffi le
bon fuccez pour fon égal, contre qui l'on s'eft pic-
qué d'honneur ; & qu'ainfi ces chofes femblent *mau-
uaifes*, & font telles en effet : Quand tous les hommes n'agreent pas les mefmes chofes, on ne fçauroit
definir de leur commun confentemét qu'eft-ce qu'-
on doit *blâmer*, ou non. Il eft vray qu'ils peuuent s'en
accorder pour certaines chofes generales : par exemple que le larcin, l'Adultere, & autres telles actions
foient peché : comme qui diroit que tout le monde
appelle *mauuais* ce à quoy on donne *vn Nom* qu'on
a accoûtumé de prendre *en mauuaife part* : Mais il
ne s'agit pas de fçauoir *fi le larcin eft peché* ; il eft
queftion de fçauoir, *Qu'eft-ce qu'on doit apeller larcin*, & ainfi des chofes femblables. Puis donc que
dans cette diuerfité de fentimens, l'égalité de la Nature humaine dans tous les hommes, fait qu'on ne
doit mefurer par la raifon des vns plûtôt que des autres, Qu'eft-ce qu'il y a raifon de blâmer : Et qu'il
n'y a point d'autre raifon que les raifons *des particuliers*, & celle de l'*Etat* : il s'enfuit que c'eft à l'Etat
de juger, Qu'eft-ce qu'on blâme auec raifon : *La
coulpe donc ou le peché eft tout ce qu'on fait ou obmet ;
Tout ce qu'on dit, ou qu'on veut ; contre la raifon de*

l'Etat : c'est à dire contre les Loix.

XVIII. Or on peut contreuenir aux Loix *par
fragilité*, Et en ce cas quoy qu'on tasche d'accomplir la Loy, puis que ce qu'on fait est *contre* on le
blâme auec raison, & on l'apelle peché : Mais il y a
des gens qui méprisent les Loix, & les violent sur
la moindre esperance de gain, ou d'impunité, sans
que leurs pactes & la conscience de leur foy donnée les retiene : & non seulement ils font de mauuaises actions ; mais ils ont l'ame méchante. Ceux
qui ne pechent que par infirmité sont *gens de
bien, & bonnes-gens*, mesme quand ils pechent : Mais
ceux-cy sont *méchantes-gens*, & malins, mesmes
quand ils ne pechent pas. Or encore que l'vne &
l'autre de ces deux choses repugne aux Loix : ie dis
les actions, & le cœur : on distingue neanmoins
auec diuers noms ces deux contrarietés-là : Car on
nomme action *injuste & peché*, l'irregularité d'action,
& celle d'esprit & de dessein *injustice & malice* : Celle-là n'est autre chose qu'infirmité de l'ame *en trouble* ; Celle-cy méchante d'ame, mesmes quand on
est de *sang froid*.

XIX. Mais s'il n'y a point de peché qui ne soit
contre quelque Loy : ny de Loy qui ne soit vn Commandement du Souuerain : ny de Souuerain que
tel de nostre consentement : Comment dira-t-on
que peche celuy qui assure ou que *DIEV n'existe,
pas, ou qu'il ne gouuerne pas le monde* ; ou qui vomit
quelque autre blasphéme contre Dieu ? Car il dira
Qu'il n'a jamais assujetty sa volonté à Dieu, qu'il n'a

pas crû mesmes qui fût: Et qu'y eut-il de l'erreur, & par consequent un peché dans cette opinion-là, on ne sçauroit pourtant mettre ce peché que parmy ceux d'imprudence & d'ignorance, qu'on n'a point droit de punir.
Il semble qu'on peut luy accorder ce qu'il dit, iusques-là que son peché, quoy que le plus grand de tous, & de plus grand prejudice, soit vn peché *d'imprudence: Mais ce qu'il dit est contre raison, que pour venir d'imprudence & d'ignorance il mérite d'estre excusé. Car que Dieu punisse l'Athée luy-mesme immediatement, ou que les Rois le punissent, qui sont au dessous de Dieu, ce n'est pas comme l'Etat fait le Sujet, pour n'auoir *pas gardé* les Loix; mais en qualité d'ennemy, qui ne les a *pas voulu* receuoir; & par droit de guerre, comme il fit des Geants qui s'attaquerent au Ciel. Aprés tout on est ennemis quand on n'a pas vn mesme Maistre, ou qu'on ne l'est pas l'vn de l'autre.

* Voyés les Remarques.

CHAPITRE XIV.

x x. Puis qu'en vertu du pacte par quoy tout Sujet s'est obligé enuers tout autre Sujet, de rendre à l'Etat, c'est à dire au Souuerain quel qu'il soit, Monarque, ou Conseil de Republique, l'obeïssance pure & simple, absoluë, & vniuerselle, que i'ay expliquée dans l'article treziéme du chapitre sixiéme, on est aussi obligé d'obseruer toutes les loix Ciuiles: Et qu'ainsi ce pacte seul renferme en soy toutes les Loix: il est éuident que le Sujet qui renonce à ce pacte general d'obeïssance, renonce tout à la fois à toutes les Loix ensamble. Or en cela son peché si general est d'autant plus graue que quelque autre

Ce que c'est que le crime de Leze-Majesté.

que ce foit, qu'il eſt plus graue de pecher toûjours
que de pecher vne feule fois. Et c'eſt là le peché
qu'on apelle *crime de Leze-Majeſté* : qui conſiſte en
ce que dit le Sujet, par quoy *il déclare qu'il n'entand
plus reconoître le Souuerain, ny luy obeïr.* On le declare *par actions* quand on fait violence à la perſonne
du Souuerain, ou de qui execute ſes Commandemens, ou qu'on taſche de le faire, qui eſt ce que
font les Traiſtres, les aſſaſſins des Rois, les Rebelles
qui prenent les armes contre l'Etat, les Transfuges
qui paſſent durant la guerre du côté de l'ennemy.
On le declare *par paroles* quand on vient à ſoû-
tenir qu'on n'eſt pas obligé à vne telle obeïſſance,
ſoit qu'on l'aſſure de ſoy-meſme, ou des autres ; Et
ſoit qu'on l'aſſure en general & en tout, ou ſeule-
mens en partie. On l'aſſure *en general* & en tout,
quand on a aſſure que meſmes ſauf l'obëïſſance deuë
à Dieu, on n'eſt pas tenu d'obeïr au Souuerain purement & ſimplement, & en toutes choſes ſans reſerue.
On l'aſſure *en partie*, quand on ſoûtient que le Souuerain n'a pas droit de faire comme il luy plaira la
paix ou la guerre ; Qu'il n'a pas droit de leuer tout
ce qu'il voudra de Troupes ; de mettre tous impoſts
ſur ſes Sujets ; de créer tous Magiſtrats, Miniſtres,
& Officiers ; de faire les Loix qu'il voudra ; auec
telles peines aux Contreuenans qu'il luy plaira d'établir ; de juger, & decider tous differens & procés ;
En vn mot, quand on ſoûtient que le Souuerain
n'a pas droit de faire quelque choſe, ou certaines
choſes, ſans quoy il ne peut y auoir d'Etat. Or toutes

telles actions,& tels discours que cela, qui sont tout
autant de *crimes de Leze-Majesté*, ne le font pas en
vertu de la loy *Ciuile:* mais de la loy de *Nature*. Mais
il peut arriuer d’ailleurs que telle action qui n’eût
pas esté vn crime de Leze-Majesté si on l’eût faire
auant certaine loy Ciuile, le soit si on l’a fait *aprés:*
comme s’il plait au Souuerain, & qu’il en fasse vne
Loy, Qu’on doiue prendre pour vn signe d’auoir re-
noncé à l’obeissance deuë à l’Etat, c’est à dire qu’on
doiue prendre pour crime de Leze-Majesté , de
faire *la fausse Monoye, ou contre-faire les Sceaux:* qui
le fait aprés la Loy n’est pas moins criminel de Leze-
Majesté que qui fait ces autres crimes: seulement
son peché n’est pas si grand: car il ne viole pas toutes les Loix à la fois, mais vne seule. Et en effet le
Souuerain par sa Loy quand il nomme *crime de Le-*
ze-Majesté, ce qui de soy n’est pas tel , peut bien luy
donner ce nom *odieux*, & mesmes établir auec droit
les plus grandes peines contre : Mais non pour cela
rendre le peché plus grand.

XXI. Or le peché qui par la loy de Nature est
vn crime de Leze Majesté, est vne transgression de
la loy *de Nature* , & non de la loy *Ciuile.* Car puis
que l’obligation à l’obeissance Ciuile en vertu de
quoy les loix Ciuiles sont valides, est plûtôt que la
loy Ciuile : Et que faire vn crime de Leze-Majesté
est violer cette obligation : il s’ensuit que par le
crime de Leze Majesté on viole vne loy qui étoit
auant la loy Ciuile : on viole donc la loy de Nature : & c’est à sçauoir *entant qu’elle deffend de violer sa*

foy & ses pactes. Si donc vn Souuerain proposoit comme loy Ciuile vne deffance en cette forme *Tu ne te reuolteras point,* à proprement parler il ne feroit qu'expliquer l'obligation precedente. Car toute Loy est inualide si plûtôt les sujets ne sont tenus d'obeïr : Mais étant tenu d'obeïr on l'est à n'estre pas rebelle : Ce seroit donc expliquer ce à quoy ils étoient tenus, & non les y obliger.

Qu'ainsi on ne le punit point par droit de Souuerain mais d'Ennemy.

XXII. Il suit de là que quand on punit les rebelles, les traistres, & tous autres, comme atteints & conuaincus de crime de Leze - Majesté, ce n'est point par droit *Ciuil*, & *d'authorité* Souueraine : mais par droit de *Nature* & de *Guerre* & non comme *mauuais - sujets*, mais comme *ennemis de l'Etat.*

Qu'on distingue mal l'obeïssance en Actiue & Passiue.

XXIII. Quelques vns tienent que pour expier ce qu'on aura fait contre vne loy Ciuile, on n'a qu'à subir de son bon gré la peine que porte la loy : & que cette peine payée, on n'est plus coupable deuant Dieu d'auoir violé la loy de Nature : quoy qu'en effet on la viole, en violant les Loix Ciuiles qu'elle commande de garder. Comme si la Loy ne defandoit pas de faire : mais proposoit seulement la peine, qu'à ce prix on achetât la liberté de faire ce qu'elle deffand. Mais on pourroit dire aussi bien qu'aucune Transgression de Loy n'est peché : quand on a de droit la liberté qu'on achéte à ses perils & fortunes. Or il faut sçauoir que les termes de la Loy peuuent étre pris en deux façons : La premiere, que la Loy contiéne les deux parties que i'ay dites dans l'article sétiéme de ce chapitre ; celle qui def-

fan

fand abſolûment comme *Tu ne feras point* ; Et la
vindicatiue, *Qui le fera ſera châtié* : La ſeconde,
qu'elle ait vn ſens conditionel, comme ſi elle diſoit.
Tu ne le feras point, ſi tu ne veux eſtre puny, Et en
ce cas la Loy ne deffand pas purement & ſimplement, mais ſeulement ſous condition.   A le prendre dans la premiere façon, qui le fait peche: puis
qu'il fait ce que deffand la Loy.   A le prendre autrement, il ne peche pas: puis qu'il n'eſt point deffandu de faire à qui accomplit la condition. Car au premier ſens il eſt deffandu *à tous* de faire ; au ſecond
ſeulement *à ceux* qui le ſouſtraient à la peine : Dans
le premier ſens la partie vindicatiue de la Loy
n'oblige pas le criminel, mais ſeulement *le Ma-
giſtrat*, d'exiger les peines deuës : Dans le ſecond
le Criminel eſt obligé : lequel neanmoins ne peut
y eſtre obligé ſi la peine eſt capitale, ou autrement
graue. Or il depend du Souuerain qu'on ſçache auquel des deux ſens prendre ſa Loy. Quand donc
on peut douter du ſens de la Loy, puis qu'il eſt
certain qu'on ne peche point de ne pas faire ce qu'elle deffand, il y a peché à le faire, de quelque façon qu'on l'explique apres cela : car c'eſt mépriſer
les Loix que de faire ce qu'on ne ſçait, ſi c'eſt peché ou non, quand il eſt libre de s'en abſtenir:
Et c'eſt pourquoy par l'article vint-huitiéme du
chapitre troiſiéme, c'eſt vn peché contre la loy de
Nature. En vain donc la diſtinction de l'obeïſſançe
en *Aſtiue* & *Paſſiue* : comme ſi par quelque peine
que ce fût d'inſtitution humaine, on pouuoit ex-

F f

pier vn peché contre la Loy de Nature, qui eſt la Loy de Dieu: ou que ce ne fût pas pecher, que de pecher à ſon dam.

Fin de la ſeconde Partie des deux premieres Parties.

Fautes suruenuës dans l'Impreßion.

PAge 16. ligne derniere transporte à autruy, *lisez*, transporte en autruy.
p. 18. l. 14. d'auoir, *lisez* de l'auoir. p. 23. l. 3. & 4. on doit le remettre,
lisez on doit, le remettre. p. 27. à la marge prendra serment, *lisez* prend à
serment. p. 42. lig. 9. de l'égalité. *lisez* l'égalité. lig. 24. qui ordone aussi,
lisez qui ordone la fin ordone aussi. p. 43. l. 23. ne cherche, *l.* recherche, lig.
27. au seiziéme, *l.* en seiziéme, lig. derniere preuenir, *l.* reuenir. p. 48.
l. 17. qu'il est bien, *l* qui est bien, p. 52. tous éclatans, *l.* tout éclatans. p.
82. l. 5. assembler, vnir, *l.* d'assambler & d'vnir. p. 89. l. 9. actions Ciuiles
mais sulement, *l.* des actions Ciuiles mais seulement. à la marge que
c'est, *l.* ce que c'est. p. 90. lig 21. Qu'est-ce que larcin, homicide, adultere, *l.* Ce que c'est que le larcin, l'homioide, l'adultere. p. 92. l. 18. simplement, *l.* ou simplement. p. 94. lig 30 de pouuoir, *l.* du pouuoir. p. 97.
l. 11. different, *l.* different. p. 98 l. 3. permettent, *l.* promettent, l. 10. &
quels, *l.* & de quels. p. 104 l. 22 gens s'assamblent, l. gens qui s'assamblent.
p 111. l. 27. effacez ces mots, le tems que. p. 112. l. 30. effaçés ces mots
(qu'il a) p. 113. l. 28. car qui, *l.* cai qu'il. l. 31. luy mesme, *l.* soy mesme,
p. 119. l. 6. effacés Et. p 147. l 15. coment que ce soit, corrigés de quelque
façon que ce soit. p. 156 l. 25. la democratie, *l.* le domaine. p. 169. l. 1. du
juste & de l'injuste, de ce qui est honéte & de ce qui ne l'est pas : corrigés ;
de ce qui est iuste ou injuste & honéte ou des-honéte. p. 176. l 28. matiere
de Politiques, *l.* matiere Politique. p. 190. l. 17. Nature, *l.* Naturelle, p.
194. l. 23. qui l'achete, *l.* qu'il achete. p. 196. l. 17. si l'on voie, *l* si l'on
voyoit. p. 215 l. 8. & Aristocraties, *l.* & les Aristocraties, l. 25. car le, *l.* car
que le, p. 220. l. 22. mechante, *l.* mechanceté.

Le reste sont petites fautes comme d'ortographe & autres aisées à corriger telles que ceçy.

Page 5. l. 3. & de si voir, ou des'y voir p. 6. attandu atandu, p. 7. mespri
mépris. p. 10. entent, entand. paroles & action, paroles & actions. ce nomme, ce nome. p. 14. chastier, *l.* châtier. p. 15. aux foux, *l.* aus foux, chose ;
choses p. 16. que nous la definitions, que nous la définissions. p. 17. fond,
l. fonds. p. 18. telle, *l.* telles. p 30. parties, partie. p. 39. conditions, l. condition p. 40. droit, *l.* droits. page 79. s'abstiene, s'abstient. page 91. simples particuliers, *l.* simple particuliers. p. 130 leurs, *l.* leur, male, males.
p. 168 tels gens, *l.* telles gens. p. 173. Titus, *l.* Titius. p. 174. pourçe,
l. pour ce, & ainsi des autres semblables.

LOVIS par la grace de Dieu, Roy de France & de Nauarre. A nos amez & feaux Confeillers les gens tenans nos Cours de Parlemens, Maiftres des Requeftes ordinaires de noftre Hoftel, Baillifs, Senefchaux, Preuofts, leurs Lieutenans, & à tous autres nos Iufticiers & Officiers qu'il appartiendra; Salut. Noftre amé & feal Seigneur du Verdus, le fieur François Bonneau nous a fait reprefenter que pour rendre quelque feruice au public, il auroit traduit & expliqué le Liure *de la Sageffe des Anciens,* efcrit en Latin par M. François Bacon grand Chancelier d'Angleterre. Et qu'auec la mefme intention il a auffi traduit & expliqué les Efcrits de diuers Philofophes, tant Anciens que Modernes, qui peuuent beaucoup feruir à l'intelligence de ce Liure de la Sageffe, lequel il defireroit de faire imprimer auec les explications qu'il y a adjouftées, & auec les traductions qu'il a faites des chofes de Philofophie, ce qui l'oblige à Nous fupplier tres-humblement de luy accorder nos Lettres neceffaires. A CES CAVSES & defirant reconnoiftre tant les feruices que le pere, les oncles, & les ayeuls paternels & maternels dudit fieur de Bonneau ont rendus au feu Roy noftre tres-honoré Seigneur & Pere, & aux autres Rois nos Predeceffeurs, dans les Confeils, & dans noftre Parlement de Bordeaux où ils eftoient Confeillers, que ceux que fes plus proches parens en grand nombre nous rendent actuellement dans nos Parlemens, dans nos autres Cours Souueraines, & dans nos armées où ils ont des premiers emplois : Voulant encore gratifier ledit fieur Bonneau, en confideration du foin qu'il a pris de demonftrer dans fes explications, combien il importe à nos Sujets de viure en paix entr'eux felon nos Loix, Nous luy auons permis & permettons par ces prefentes de faire imprimer, vendre & debiter en tous les lieux de noftre obeïffance ladite Traduction du Liure de la Sageffe des Anciens, & les explications qu'il y a adjouftées, & les autres Traductions qu'il a faites de chofe de Philofophie, & en telle marge ou caracteres, en autant de Volumes, & autant de fois que bon luy femblera, pendant l'efpace de quinze ans, à compter du iour que chaque Traité ou Volume fera acheué d'imprimer pour la premiere fois; Et faifons tres-expreffes defenfes à toutes perfonnes de quelque qualité & condition qu'elles foient d'en rien imprimer, vendre ny diftribuër en aucun lieu de noftre obeïffance, fous pretexte d'augmentation, correction, changement de titre, fauffes marques ou autrement, en quelque forte & maniere que ce foit fans le confentement dudit fieur de Bonneau ou de ceux qui auront droit

de luy, foit Eftrangers ou de ce Royaume, à peine de confifcation des
Exemplaires côtrefaits, & des caracteres, preffes & inftrumés qui auront
feruy aufdites impreffions contrefaites, de tous dépens, dommages &
interefts, & de trois mil liures d'amande, applicable vn tiers à Nous,
vn tiers à l'Hoftel-Dieu de Paris, & l'autre tiers au Libraire ou Imprimeur que ledit fieur de Bonneau aura choifi pour faire ladite impref-
fion, à condition qu'il fera mis deux Exemplaires de chaque piece en
noftre Biblioteque publique, & vn en celle de noftre tres-cher & feal
le fieur Molé Garde des Sceaux de France, auant que les expofer en
vente, comme auffi de faire regiftrer ces prefentes és Regiftres du
Scindic de la Communauté des Marchands Libraires de noftre ville de
Paris, fuiuant l'Arreft de noftre Cour de Parlement de Paris du huitiéme iour d'Auril dernier à peine de nullité des prefentes, du contenu
defquelles Nous voulons & vous mandons que vous faffiez iouïr plei-
nement ledit fieur de Bonneau, & ceux qui auront droit de luy fans
fouffrir qu'il leur foit donné aucun empefchement. VOVLONS auffi
qu'en mettant au commencement ou à la fin de chaque Traité ou Volume vn Extrait des prefentes, elles foient tenuës pour deuëment fi-
gnifiées, & que foy y foit adjouftée, & aux coppies d'icelles collation-
nées par vn de nos amez & feaux Confeillers & Secretaires comme à
l'original. MANDONS au premier noftre Huiffier ou Sergent fur ce
requis de faire pour l'execution defdites prefentes tous exploits requis & neceffaires, fans demander autre permiffion. CAR tel eft noftre plaifir, nonobftant oppofitions ou appellations quelconques &
fans prejudice d'icelles, Clameur de Haro Chartre Normande, & autres Lettres à ce contraires. DONNE' à Paris le 19 iour de Septembre
l'an de grace 1653. Et de noftre regne le vnziefme. Signé, Par le Roy en
fon Confeil, DENYS & fcellé du Grand Sceau de cire jeaune.

*Collationné à l'original par moy Confeiller Secretaire
du Roy & de fes Finances.*

Regiftré fur le Liure de la Communauté le treziéme iour de No-
uembre 1653. fuiuant & conformement à l'Arreft du Parlement en datte
du 8. Auril audit an, à condition que le prefent priuilege fera cedé &
tranfporté à vn Marchand Libraire ou Maiftre Imprimeur. Ainfi Signé,
BALARD, Sindic.

*Collationné par moy Confeiller du Roy Audiancier de la
Chancellerie de Bordeaux, Secretaire de fa Majefté*
P L E A V.

Acheué d'imprimé le trentiefme Auril 1660.

Les Exemplaires ont efté fournis.